book2

español – portugués

para principiantes

Un libro en dos idiomas

www.book2.de

GOETHE VERLAG

IMPRESSUM

Johannes Schumann:
book2 español - português
EAN-13 (ISBN-13): 9781453647486

© Copyright 2010 by Goethe-Verlag Munich and licensors. All rights reserved. No part of this
work may be reproduced or transmitted in any form or by any means, electronic or mechanical,
including photocopying and recording, or by any information storage or retrieval system without
the prior written permission of Goethe-Verlag GmbH unless such copying is expressly permitted
by federal copyright law. Address inquiries to:

© Copyright 2010 Goethe-Verlag München und Lizenzgeber. Alle Rechte vorbehalten, auch die
der fotomechanischen Wiedergabe und der Speicherung in elektronischen Medien. Jede
Verwendung in anderen als den gesetzlich zugelassenen Fällen bedarf der schriftlichen
Einwilligung des Goethe-Verlags:

Goethe-Verlag GmbH
Postfach 152008
80051 München
Germany

Fax +49-89-74790012
www.book2.de
www.goethe-verlag.com

Contenido

Personas	4	En el aeropuerto	38	necesitar – querer	72
La Familia	5	Transporte Público	39	querer algo	73
Conociendo otras personas	6	En el camino	40	querer algo	74
En la escuela	7	En el taxi	41	deber hacer algo	75
Países e Idiomas	8	Averías en el coche	42	poder hacer algo	76
Leer y escribir	9	Preguntando por el camino	43	pedir algo	77
Los Números	10	Orientación	44	dar explicaciones 1	78
Las horas	11	Una visita por la ciudad	45	dar explicaciones 2	79
Los días de la semana	12	En el zoológico	46	dar explicaciones 3	80
Ayer – hoy – mañana	13	Salir por la noche	47	Adjetivos 1	81
Los Meses	14	En el cine	48	Adjetivos 2	82
Bebidas	15	En la discoteca	49	Adjetivos 3	83
Actividades	16	Preparando un viaje	50	Pretérito 1	84
Los colores	17	Actividades vacacionales	51	Pretérito 2	85
Frutas y alimentos	18	Deporte	52	Pretérito 3	86
Las Estaciones y el Clima	19	En la piscina	53	Pretérito 4	87
En la casa	20	Haciendo diligencias	54	Preguntas – Pretérito 1	88
Limpieza Doméstica	21	En los grandes almacenes	55	Preguntas – Pretérito 2	89
En la cocina	22	Tiendas	56	Pretérito de los verbos modales 1	90
Pequeñas Conversaciones 1	23	Ir de compras	57	Pretérito 2	91
Pequeñas Conversaciones 2	24	Trabajar	58	Modo imperativo 1	92
Pequeñas Conversaciones 3	25	Sentimientos	59	Modo imperativo 2	93
Aprendiendo lenguas extranjeras	26	En la consulta del doctor	60	Oraciones subordinadas con *que* 1	94
Compromiso / Cita	27	Las Partes del Cuerpo Humano	61	Oraciones subordinadas con *que* 2	95
En la ciudad	28	En la oficina de correos	62	Oraciones subordinadas con *si*	96
En la naturaleza	29	En el banco	63	Conjunciones 1	97
En el hotel – Llegada	30	Números ordinales	64	Conjunciones 2	98
En el hotel – Quejas	31	Haciendo preguntas 1	65	Conjunciones 3	99
En el restaurante 1	32	Haciendo preguntas 2	66	Conjunciones 4	100
En el restaurante 2	33	Negación 1	67	Dobles conjunciones	101
En el restaurante 3	34	Negación 2	68	Genitivo	102
En el restaurante 4	35	Pronombres posesivos 1	69	Adverbios	103
En la estación de tren	36	Pronombres posesivos 2	70		
En el tren	37	grande – pequeño	71		

1 [uno]

Personas

1 [um]

Pessoas

yo	eu
yo y tú	eu e tu
nosotros / nosotras dos	nós dois
él	ele
él y ella	ele e ela
ellos / ellas dos	eles dois / elas duas
el hombre	o homem
la mujer	a mulher
el niño	a criança
una familia	uma família
mi familia	a minha família
Mi familia está aquí.	A minha família está aqui.
Yo estoy aquí.	Eu estou aqui.
Tú estás aquí.	Tu estás aqui.
Él está aquí y ella está aquí.	Ele está aqui e ela está aqui.
Nosotros /-as estamos aquí.	Nós estamos aqui.
Vosotros /-as estáis aquí.	Vocês estão aqui.
Todos /-as ellos /-as están aquí.	Eles todos estão aqui.

2 [dos]

La Familia

2 [dois]

Família

el abuelo	o avô
la abuela	a avó
él y ella	ele e ela
el padre	o pai
la madre	a mãe
él y ella	ele e ela
el hijo	o filho
la hija	a filha
él y ella	ele e ela
el hermano	o irmão
la hermana	a irmã
él y ella	ele e ela
el tío	o tio
la tía	a tia
él y ella	ele e ela

Nosotros somos una familia.
La familia no es pequeña.
La familia es grande.

Nós somos uma família.
A família não é pequena.
A família é grande.

3 [tres]

Conociendo otras personas

3 [três]

Conhecer

¡Hola!
¡Buenos días!
¿Qué tal?

Olá! / *Alô! (am.)*
Bom dia!
Como vai?

¿Viene (usted) de Europa?
¿Viene (usted) de América?
¿Viene (usted) de Asia?

Você é da Europa?
Você é da América?
Você é da Ásia?

¿En qué / cuál (am.) hotel se encuentra hospedado / -da (usted)?
¿Por cuánto tiempo ha estado (usted) aquí?
¿Por cuánto tiempo permanecerá (usted) aquí?

Em que hotel *(você)* vive?
Há quanto tempo já cá está / *está aqui (am.)*?
Quanto tempo fica?

¿Le gusta esto?
¿Está usted aquí de vacaciones?
¡Visíteme cuando quiera!

Gosta disto aqui?
Está a passar / *passando (am.)* férias aqui?
Visita-me um dia!

Aquí está mi dirección.
¿Nos vemos mañana?
Lo siento, pero ya tengo otros planes.

Aqui está a minha morada.
Vemo-nos amanhã?
Lamento, mas já tenho planos.

¡Adiós! / ¡Chao!
¡Adiós! / ¡Hasta la vista!
¡Hasta pronto!

Adeus! / *Tchau! (am.)*
Até á próxima!
Até breve!

4 [cuatro]

En la escuela

4 [quatro]

Na escola

¿Dónde estamos?
Nosotros / nosotras estamos en la escuela.
Nosotros / nosotras tenemos clase.

Ésos son los alumnos.
Ésa es la maestra.
Ésa es la clase.

¿Qué hacemos?
Nosotros / nosotras estudiamos.
Nosotros / nosotras estudiamos un idioma.

Yo estudio inglés.
Tú estudias español.
Él estudia alemán.

Nosotros / nosotras estudiamos francés.
Vosotros / vosotras estudiáis italiano.
Ellos / ellas estudian ruso.

Estudiar idiomas es interesante.
Nosotros / nosotras queremos comprender a la gente.
Nosotros / nosotras queremos hablar con la gente.

Onde estamos?
Nós estamos na escola.
Nós temos aulas.

Estes são os alunos.
Esta é a professora.
Esta é a turma.

O que fazemos?
Nós aprendemos.
Nós aprendemos uma língua.

Eu aprendo inglês.
Tu aprendes espanhol.
Ele aprende alemão.

Nós aprendemos francês.
Vocês aprendem italiano.
Eles / elas aprendem russo.

Aprender línguas é muito interessante.
Nós queremos entender pessoas.
Nós queremos falar com pessoas.

5 [cinco]

Países e Idiomas

5 [cinco]

Países e línguas

Juan es de Londres.
Londres está en Gran Bretaña.
Él habla inglés.

María es de Madrid.
Madrid está en España.
Ella habla español.

Pedro y Marta son de Berlín.
Berlín está en Alemania.
¿Habláis vosotros / vosotras (dos) alemán?

Londres es una capital.
Madrid y Berlín también son capitales.
Las capitales son grandes y ruidosas.

Francia está en Europa.
Egipto está en África.
Japón está en Asia.

Canadá está en América del Norte.
Panamá está en Centroamérica.
Brasil está en América del Sur.

João é de Londres.
Londres fica na Grã-Bretanha.
Ele fala inglês.

Maria é de Madrid.
Madrid fica na Espanha.
Ela fala espanhol.

Pedro e Marta são de Berlim.
Berlim fica na Alemanha.
Vocês dois falam alemão?

Londres é uma capital.
Madrid e Berlim também são capitais.
As capitais são grandes e barulhentas.

A França fica na Europa.
O Egipto fica na África.
O Japão fica na Ásia.

O Canadá fica na América do Norte.
O Panamá fica na América Central.
O Brasil fica na América do Sul.

Leer y escribir

Ler e escrever

Yo leo.	Eu leio.
Yo leo una letra.	Eu leio uma letra.
Yo leo una palabra.	Eu leio uma palavra.
Yo leo una frase.	Eu leio uma frase.
Yo leo una carta.	Eu leio uma carta.
Yo leo un libro.	Eu leio um livro.
Yo leo.	Eu leio.
Tú lees.	Tu lês.
Él lee.	Ele lê.
Yo escribo.	Eu escrevo.
Yo escribo una letra.	Eu escrevo uma letra.
Yo escribo una palabra.	Eu escrevo uma palavra.
Yo escribo una frase.	Eu escrevo uma frase.
Yo escribo una carta.	Eu escrevo uma carta.
Yo escribo un libro.	Eu escrevo um livro.
Yo escribo.	Eu escrevo.
Tú escribes.	Tu escreves.
Él escribe.	Ele escreve.

7 [siete]

Los Números

7 [sete]

Números

Yo cuento: uno, dos, tres Yo cuento hasta tres.	Eu conto: um, dois, três Eu conto até três.
(Yo) sigo contando: cuatro, cinco, seis siete, ocho, nueve	Eu continuo a contar / *contando (am.)*: quatro, cinco, seis sete, oito, nove
Yo cuento. Tú cuentas. Él cuenta.	Eu conto. Tu contas. Ele conta.
Uno. El primero. Dos. El segundo. Tres. El tercero.	Um. O primeiro / a primeira. Dois. O segundo / a segunda. Três. O terceiro / a terceira.
Cuatro. El cuarto. Cinco. El quinto. Seis. El sexto.	Quatro. O quarto / a quarta. Cinco. O quinto / a quinta. Seis. O sexto / a sexta.
Siete. El séptimo. Ocho. El octavo. Nueve. El noveno.	Sete. O sétimo / a sétima. Oito. O oitavo / a oitava. Nove. O nono / a nona.

8 [ocho]

Las horas

8 [oito]

A hora

¡Disculpe!
¿Qué hora es, por favor?
Muchas gracias.

Desculpe!
Que horas são por favor?
Muitíssimo obrigado / obrigada.

Es la una.
Son las dos.
Son las tres.

É uma hora.
São duas horas.
São três horas.

Son las cuatro.
Son las cinco.
Son las seis.

São quatro horas.
São cinco horas.
São seis horas.

Son las siete.
Son las ocho.
Son las nueve.

São sete horas.
São oito horas.
São nove horas.

Son las diez.
Son las once.
Son las doce.

São dez horas.
São onze horas.
São doze horas.

Un minuto tiene sesenta segundos.
Una hora tiene sesenta minutos.
Un día tiene veinticuatro horas.

Um minuto tem sessenta segundos.
Uma hora tem sessenta minutos.
Um dia tem vinte e quatro horas.

9 [nueve]

Los días de la semana

9 [nove]

Dias de semana

el lunes	a segunda-feira
el martes	a terça-feira
el miércoles	a quarta-feira
el jueves	a quinta-feira
el viernes	a sexta-feira
el sábado	o sábado
el domingo	o domingo
la semana	a semana
desde el lunes hasta el domingo	da segunda-feira a domingo
El primer día es el lunes.	O primeiro dia é a segunda-feira.
El segundo día es el martes.	O segundo dia é a terça-feira.
El tercer día es el miércoles.	O terceiro dia é a quarta-feira.
El cuarto día es el jueves.	O quarto dia é a quinta-feira.
El quinto día es el viernes.	O quinto dia é a sexta-feira.
El sexto día es el sábado.	O sexto dia é o sábado.
El séptimo día es el domingo.	O sétimo dia é o domingo.
La semana tiene siete días.	A semana tem sete dias.
Nosotros / nosotras sólo trabajamos cinco días.	Só trabalhamos cinco dias.

10 [diez]

Ayer – hoy – mañana

10 [dez]

Ontem – hoje – amanhã

Ayer fue sábado.	Ontem foi sábado.
Ayer estuve en el cine.	Ontem estive no cinema.
La película fue interesante.	O filme foi interessante.
Hoy es domingo.	Hoje é domingo.
Hoy no trabajo.	Hoje não trabalho.
Me quedo en casa.	Eu fico em casa.
Mañana es lunes.	Amanhã é segunda-feira.
Mañana vuelvo a trabajar.	Amanhã volto a trabalhar.
Trabajo en una oficina.	Eu trabalho no escritório.
¿Quién es éste?	Quem é este?
Éste es Pedro.	Este é o Pedro.
Pedro es estudiante.	Pedro é estudante.
¿Quién es ésta?	Quem é?
Ésta es Marta.	É a Marta.
Marta es secretaria.	Marta é secretária.
Pedro y Marta son novios.	Pedro e Marta são amigos.
Pedro es el novio de Marta.	Pedro é o amigo da Marta.
Marta es la novia de Pedro.	Marta é a amiga do Pedro.

11 [once]

Los Meses

11 [onze]

Meses

enero	Janeiro
febrero	Fevereiro
marzo	Março
abril	Abril
mayo	Maio
junio	Junho

Eso son seis meses.
Enero, febrero, marzo,
abril, mayo, junio.

Isto são seis meses.
Janeiro, Fevereiro, Março,
Abril, Maio, Junho.

julio — Julho
agosto — Agosto
septiembre — Setembro

octubre — Outubro
noviembre — Novembro
diciembre — Dezembro

Eso también son seis meses.
Julio, agosto, septiembre,
octubre, noviembre y diciembre.

Isto também são seis meses.
Julho, Agosto, Setembro
Outubro, Novembro e Dezembro.

12 [doce]

Bebidas

12 [doze]

Bebidas

Yo bebo té.	Eu bebo chá.
Yo bebo café.	Eu bebo café.
Yo bebo agua mineral.	Eu bebo água mineral.
¿Bebes té con limón?	Bebes chá com limão?
¿Bebes café con azúcar?	Bebes café com açúcar?
¿Bebes agua con hielo?	Bebes água com gelo?
Aquí hay una fiesta.	Aqui há uma festa.
La gente bebe champán.	As pessoas bebem espumante.
La gente bebe vino y cerveza.	As pessoas bebem vinho e cerveja.
¿Bebes alcohol?	*Você bebe (am.)* / Bebes álcool?
¿Bebes whisky?	*Você bebe (am.)* / Bebes uísque?
¿Bebes Coca-Cola con ron?	*Você bebe (am.)* / Bebes Coca Cola com rum?
No me gusta el champán.	Eu não gosto de espumante.
No me gusta el vino.	Eu não gosto de vinho.
No me gusta la cerveza.	Eu não gosto de cerveja.
Al bebé le gusta la leche. / El bebé gusta de la leche (am.).	O bebé / *bebê (am.)* gosta de leite.
Al niño / A la niña le gusta el cacao y el zumo de manzana.	A criança gosta de chocolate e sumo de maçã.
A la mujer le gusta el zumo de naranja y el zumo de pomelo.	A mulher gosta de sumo de laranja e de sumo de toranja.

13 [trece]

Actividades

13 [treze]

Actividades /
Atividades (am.)

¿Qué hace Marta?
Ella trabaja en una oficina.
Ella trabaja con el ordenador.

¿Dónde está Marta?
En el cine.
Ella está viendo una película.

¿Qué hace Pedro?
Él estudia en la universidad.
Él estudia idiomas.

¿Dónde está Pedro?
En la cafetería.
Él está tomando café.

¿A dónde les gusta ir?
A un concierto.
A ellos les gusta escuchar música.

¿A dónde no les gusta ir?
A la discoteca.
A ellos no les gusta bailar.

O que faz a Marta?
Ela trabalha no escritório.
Ela trabalha no computador.

Onde está Marta?
No cinema.
Ela vê um filme.

O que faz Pedro?
Ele estuda na universidade.
Ele estuda línguas.

Onde está o Pedro?
No café.
Ele bebe café.

Para onde eles gostam de ir?
Ao concerto.
Eles gostam de ouvir música.

Para onde eles não gostam de ir?
À discoteca.
Eles não gostam de dançar.

14 [catorce]

Los colores

14 [catorze]

Cores

La nieve es blanca.
El sol es amarillo.
La naranja es naranja.

La cereza es roja.
El cielo es azul.
La hierba es verde.

La tierra es marrón.
La nube es gris.
Los neumáticos son negros.

¿De qué color es la nieve? Blanca.
¿De qué color es el sol? Amarillo.
¿De qué color es la naranja? Naranja.

¿De qué color es la cereza? Roja.
¿De qué color es el cielo? Azul.
¿De qué color es la hierba? Verde.

¿De qué color es la tierra? Marrón.
¿De qué color es la nube? Gris.
¿De qué color son los neumáticos? Negro.

A neve é branca.
O sol é amarelo.
A laranja é de cor-de-laranja.

A cereja é vermelha.
O céu é azul.
A relva / *grama (am.)* é verde.

A terra é castanha / *marrom (am.)*.
A nuvem é cinzenta.
Os pneus são pretos.

De que cor é a neve? Branca.
De que cor é o sol? Amarelo.
De que cor é a laranja? Cor-de-laranja.

De que cor é a cereja? Vermelha.
De que cor é o céu? Azul.
De que cor é a relva / *grama (am.)*? Verde.

De que cor é a terra? Castanha / *Marrom. (am.)*
De que cor é a nuvem? Cinzenta.
De que cor são os pneus? Pretos.

15 [quince]

Frutas y alimentos

15 [quinze]

Frutas e alimentos

Yo tengo una fresa.
Yo tengo un kiwi y un melón.
Yo tengo una naranja y un pomelo / una toronja (am.).

Yo tengo una manzana y un mango.
Yo tengo un plátano y una piña / una banana y un ananás (am.).
Yo estoy haciendo una ensalada de frutas.

Yo estoy comiendo una tostada / un pan tostado (am.).
Yo estoy comiendo una tostada / un pan tostado (am.) con mantequilla.
Yo estoy comiendo una tostada / un pan tostado (am.) con mantequilla y mermelada.

Yo estoy comiendo un sandwich / emparedado (am.).
Yo estoy comiendo un sandwich / emparedado (am.) con margarina.
Yo estoy comiendo un sandwich / emparedado (am.) con margarina y tomate.

Nosotros / nosotras necesitamos pan y arroz.
Nosotros / nosotras necesitamos pescado y bistecs.
Nosotros / nosotras necesitamos pizza y espagueti.

¿Qué más necesitamos?
Nosotros / nosotras necesitamos zanahorias y tomates para la sopa.
¿Dónde hay un supermercado?

Eu tenho um morango.
Eu tenho um kiwi e um melão.
Eu tenho uma laranja e uma toranja.

Eu tenho uma maçã e uma manga.
Eu tenho uma banana e uma ananás / *um abacaxi (am.)* .
Eu faço uma salada de frutas.

Eu como uma torrada.

Eu como uma torrada com manteiga.

Eu como uma torrada com manteiga e doce.

Eu como uma sandes / *um sanduiche (am.)*.
Eu como uma sandes / *um sanduiche (am.)* com margarina.
Eu como uma sandes / *um sanduiche (am.)* com margarina e tomate.

Nós precisamos de pão e arroz.
Nós precisamos de peixe e bifes.
Nós precisamos de pizza e esparguete.

De que é que precisamos mais?
Nós precisamos de cenouras e tomates para a sopa.
Onde há um supermercado?

16 [dieciséis]

Las Estaciones y el Clima

16 [dezasseis / *dezesseis (am.)*]

Estações do ano e tempo

Éstas son las estaciones del año:
La primavera, el verano,
el otoño y el invierno.

El verano es caluroso.
En el verano brilla el sol.
En el verano nos gusta ir a pasear.

El invierno es frío.
En el invierno nieva o llueve.
En el invierno nos gusta quedarnos en casa.

Hace frío.
Está lloviendo.
Hace viento / Está ventoso (am.).

Hace calor.
Hace sol.
El tiempo está agradable.

¿Qué tiempo hace hoy?
Hoy hace frío.
Hoy hace calor.

Estas são as estações do ano:
A Primavera, o Verão,
o Outono, o Inverno.

O Verão é quente.
No Verão faz sol.
No Verão gostamos de passear.

O Inverno é frio.
No Inverno neva ou chove.
No Inverno gostamos de ficar em casa.

Está frio.
Está a chover / *chovendo (am.)*.
Está vento / *ventando (am.)*.

Está calor.
Está sol.
Está bom tempo.

Como está o tempo hoje?
Hoje está frio.
Hoje está calor.

17 [diecisiete]

En la casa

17 [dezassete / *dezessete (am.)*]

Em casa

Aquí es nuestra casa.
Arriba está el tejado.
Abajo está el sótano.

Detrás de la casa hay un jardín.
No hay ninguna calle frente a la casa.
Hay árboles al lado de la casa.

Aquí está mi apartamento.
Aquí están la cocina y el baño.
Ahí están la sala de estar y el dormitorio.

La puerta de la casa está cerrada.
Pero las ventanas están abiertas.
Hace calor hoy.

Nosotros / nosotras vamos a la sala de estar.
Hay un sofá y un sillón allí.
¡Por favor, siéntense / siéntese!

Mi ordenador / computadora (am.) está allá.
Mi equipo de sonido está allí.
El televisor es completamente nuevo.

Aqui está a nossa casa.
Em cima está o telhado.
Em baixo está a cave.

Atrás da casa há um quintal.
À frente da casa não há nenhuma estrada.
Ao lado da casa há árvores.

Aqui está o meu apartamento.
Aqui é a cozinha e a casa de banho / *o banheiro (am.)*.
Ali estão a sala de estar e o quarto de dormir.

A porta da casa está fechada.
Mas as janelas estão abertas.
Hoje está calor.

Nós vamos para a sala de estar.
Ali há um sofá e uma poltrona.
Sente-se!

Ali está o meu computador.
Ali está a minha aparelhagem.
A televisão é nova.

18 [dieciocho]

Limpieza Doméstica

18 [dezoito]

Limpeza da casa

Hoy es sábado.
Hoy tenemos tiempo.
Hoy limpiamos el apartamento.

Yo limpio el baño.
Mi esposo lava el coche / carro (am.).
Los niños limpian las bicicletas.

La abuela riega las flores.
Los niños ordenan el cuarto de los niños.
Mi esposo ordena su escritorio.

Yo pongo la ropa en la lavadora.
Yo tiendo la ropa.
Yo plancho la ropa.

Las ventanas están sucias.
El suelo / piso (am.) está sucio.
La vajilla está sucia.

¿Quién limpia las ventanas?
¿Quién pasa la aspiradora?
¿Quién lava la vajilla?

Hoje é Sábado.
Hoje temos tempo.
Hoje vamos limpar a casa.

Eu limpo a casa de banho / *o banheiro (am.)*.
O meu marido lava o carro.
As crianças lavam as bicicletas.

A avó rega as flores.
As crianças arrumam o quarto das crianças.
O meu marido arruma a sua secretária / *o escritório (am.)*.

Eu ponho a roupa na máquina de lavar.
Eu estendo a roupa.
Eu passo a roupa.

As janelas estão sujas.
O chão está sujo.
A louça está suja.

Quem limpa os vidros?
Quem aspira?
Quem lava a louça?

19 [diecinueve]

En la cocina

19 [dezanove / *dezenove (am.)*]

Na cozinha

¿Tienes una cocina nueva?
¿Qué quieres cocinar hoy?
¿Cocinas en una cocina eléctrica o de gas?

Tens / *Você tem (am.)* uma cozinha nova?
Que queres / *O que você quer (am.)* cozinhar hoje?
Cozinhas / *Você cozinha (am.)* com um fogão elétrico ou com um fogão a gás?

¿Quieres que pique las cebollas?
¿Quieres que pele las patatas?
¿Quieres que lave la lechuga?

Vou cortar as cebolas?
Vou descascar as batatas?
Vou lavar a salada?

¿Dónde están los vasos?
¿Dónde está la vajilla?
¿Dónde están los cubiertos?

Onde estão os copos?
Onde está a louça?
Onde estão os talheres?

¿Tienes un abridor de latas?
¿Tienes un abrebotellas?
¿Tienes un sacacorchos?

Tens / *Você tem (am.)* um abre-latas?
Tens / *Você tem (am.)* um abre-garrafas?
Tens / *Você tem (am.)* um saca-rolhas?

¿Estas cocinando la sopa en esta olla?
¿Estás friendo el pescado en esta sartén?
¿Estás asando los vegetales en esta parrilla?

Cozinhas / *Você cozinha (am.)* a sopa nesta panela?
Fritas / *Você frita (am.)* o peixe nesta frigideira?
Assas / *Você assa (am.)* os legumes nesta grelha?

Yo estoy poniendo la mesa.
Aquí están los cuchillos, los tenedores, y las cucharas.
Aquí están los vasos, los platos, y las servilletas.

Eu ponho a mesa.

Aqui estão as facas, os garfos e as colheres.

Aqui estão os copos, os pratos e os guardanapos.

20 [veinte]

Pequeñas Conversaciones 1

20 [vinte]

Conversa 1

¡Póngase cómodo!	Esteja à sua vontade! / *Fique à vontade! (am.)*
¡Siéntase como en casa!	Sinta-se em casa!
¿Qué le gustaría tomar?	O que quer beber?
¿Le gusta la música?	Gosta de música?
Me gusta la música clásica.	Eu gosto de música clássica.
Aquí están mis CDs.	Aqui estão os meus CDs.
¿Toca (usted) algún instrumento musical?	Toca um instrumento?
Aquí está mi guitarra.	Aqui está a minha guitarra.
¿Le gusta cantar?	Gosta de cantar?
¿Tiene (usted) niños?	Tem filhos?
¿Tiene (usted) un perro?	Tem um cão? / *Você tem cão? (am.)*
¿Tiene (usted) un gato?	Tem um gato? / *Você tem gato? (am.)*
Aquí están mis libros.	Aqui estão os meus livros.
En este momento estoy leyendo este libro.	Eu estou a ler / *lendo (am.)* este livro.
¿Qué le gusta leer?	O que é que gosta de ler?
¿Le gusta ir a conciertos?	Gosta de ir ao concerto?
¿Le gusta ir al teatro?	Gosta de ir ao teatro?
¿Le gusta ir a la ópera?	Gosta de ir à ópera?

21 [veintiuno]

Pequeñas Conversaciones 2

21 [vinte e um]

Conversa 2

¿De dónde es (usted)?	De onde vem?
De Basilea.	Da Basileia.
Basilea está en Suiza.	Basileia é na Suíça.
¿Me permite presentarle al señor Molinero?	Posso lhe apresentar o Senhor Müller?
Él es extranjero.	Ele é estrangeiro.
Él habla varios idiomas.	Ele fala várias línguas.
¿Es la primera vez que está (usted) aquí?	Está pela / *Esta é sua (am.)* primeira vez aqui?
No, ya estuve aquí el año pasado.	Não, já estive aqui no ano passado.
Pero sólo por una semana.	Mas só por uma semana.
¿Le gusta nuestro país / nuestra ciudad?	Gosta de aqui estar? / *Você gosta daqui? (am.)*
Sí, mucho. La gente es amable.	Gosto muito. As pessoas são muito simpáticas.
Y el paisaje también me gusta.	E também gosto da paisagem.
¿A qué se dedica (usted)?	Qual é a sua profissão?
Yo soy traductor.	Sou tradutor.
Yo traduzco libros.	Eu traduzo livros.
¿Ha venido (usted) solo / sola?	Está sozinho /-a aqui?
No, mi esposa / mi marido ha venido conmigo.	Não, a minha mulher / o meu marido também está aqui.
Y allí están mis dos hijos.	E ali estão os meus dois filhos.

22 [veintidós]

Pequeñas Conversaciones 3

22 [vinte e dois]

Conversa 3

¿Fuma (usted)?
Antes sí.
Pero ahora ya no fumo.

¿Le molesta que fume?
No, en absoluto.
No me molesta.

¿Quiere (usted) beber algo?
¿Un coñac?
No, prefiero una cerveza.

¿Viaja (usted) mucho?
Sí, por negocios la mayoría de las veces.
Pero ahora estamos aquí de vacaciones.

¡Qué calor!
Sí, hoy hace realmente mucho calor.
Salgamos al balcón.

Aquí habrá una fiesta mañana.

¿Vienen ustedes también?

Sí, nosotros / nosotras también estamos invitados / invitadas.

Você fuma?
Antigamente sim.
Mas agora já não fumo.

Incomoda-se / *Você se incomoda (am.)*, se eu fumar?
Não, absolutamente.
Isto não me incomoda.

Bebe alguma coisa?
Um conhaque / um brandy?
Não, prefiro uma cerveja.

Viaja muito?
Sim, sobretudo são viagens de negócio.
Mas agora estamos aqui de férias.

Que calor!
Sim, hoje realmente está muito calor.
Vamos para a varanda.

Amanhã há aqui uma festa / *vai acontecer uma festa aqui (am.)*.
(Você) Também vem?

Sim, também fomos convidados.

23 [veintitrés]

Aprendiendo lenguas extranjeras

23 [vinte e três]

Aprender línguas estrangeiras

¿En dónde aprendió (usted) español?
¿Puede (usted) también hablar portugués?
Sí, y también puedo hablar un poco de italiano.

Onde *(você)* aprendeu o espanhol?
(Você) Também fala português?
Sim e também sei um pouco de italiano.

Pienso que (usted) habla muy bien.
Los idiomas son bastante parecidos.
Yo puedo entenderlos bien.

Eu acho que você fala muito bem.
As línguas são bastante semelhantes.
Eu percebo-os bem.

Pero es difícil hablarlos y escribirlos.
Aún cometo muchos errores.
Por favor, corríjame siempre.

Mas falar e escrever é difícil.
Eu ainda faço / *cometo (am.)* muitos erros.
Por favor corrija-me sempre.

Su pronunciación es muy buena.
(Usted) tiene un poco de acento.
Uno puede deducir de dónde viene (usted).

A sua pronúncia é muito boa.
Você tem um pequeno sotaque.
Nota-se, de onde você vem.

¿Cuál es su lengua materna?
¿Está (usted) tomando un curso de idiomas?
¿Qué materiales de aprendizaje utiliza (usted)?

Qual é a sua língua materna?
Está a fazer / *fazendo (am.)* um curso de línguas?
Qual é o material de ensino que você usa?

En este momento no sé cómo se llama.
El título no me viene a la cabeza.
(Yo) lo he olvidado.

Eu não sei de momento como isso se chama.
Não me lembro do título.
Eu esqueci-me / *me esqueci (am.)* disto.

24 [veinticuatro]

Compromiso / Cita

24 [vinte e quatro]

Encontro

¿Has perdido el autobús? / ¿Te dejó el autobús (am.)?
Te esperé por media hora.
¿No tienes móvil / celular (am.)?

¡Sé puntual la próxima vez!
¡Toma un taxi la próxima vez!
¡La próxima vez lleva un paraguas contigo!

Mañana tengo el día libre.
¿Quieres que nos encontremos mañana?
Lo siento, pero no podré mañana.

¿Ya tienes algún plan para este fin de semana?
¿O ya te comprometiste para algo?
(Yo) sugiero que nos encontremos durante el fin de semana.

¿Quieres que hagamos un picnic?
¿Quieres que vayamos a la playa?
¿Quieres que vayamos a la montaña?

Te recojo en tu oficina.
Te recojo en tu casa.
Te recojo en la parada de autobús.

Perdeste o autocarro? / *Você perdeu o ônibus (am.)*?
Eu esperei meia hora por ti / *você (am.)*.
(Você) Não tens um telemóvel / *tem um celular (am.)* contigo?

Para a próxima vez sê pontual! / *Da próxima vez, seja pontual (am.)*!
Para a / *Da (am.)* próxima vez apanhas / *pegue (am.)* um taxi!
Para a / *Da (am.)* próxima vez levas um chapéu-de-chuva! / *leve um guarda-chuva!*

Amanhã estou de folga.
Vamo-nos ver amanhã?
Lamento mas amanhã não posso.

(Você) Já tens / *tem (am.)* planos para este fim-de-semana?
Ou já tens / *Ou você já tem (am.)* um encontro?
Eu sugiro que vamo-nos ver ao / *nos encontremos no* fim-de-semana.

Vamos fazer um piquenique?
Vamos à praia?
Vamos à montanha?

Eu vou te buscar do / no escritório.
Eu vou te buscar a / *na sua (am.)* casa.
Eu vou te buscar na paragem do autocarro / *no ponto de ônibus (am.)*.

25 [veinticinco]

En la ciudad

25 [vinte e cinco]

Na cidade

Me gustaría ir a la estación.
Me gustaría ir al aeropuerto.
Me gustaría ir al centro de la ciudad.

Gostaria de ir à estação (ferroviária).
Gostaria de ir ao aeroporto.
Gostaria de ir ao centro.

¿Cómo se va a la estación?
¿Cómo se va al aeropuerto?
¿Cómo se va al centro de la ciudad?

Como chego à estação?
Como chego ao aeroporto?
Como chego ao centro?

Yo necesito un taxi.
Yo necesito un plano de la ciudad.
Yo necesito un hotel.

Eu preciso de um taxi.
Eu preciso de um mapa.
Eu preciso de um hotel.

Me gustaría alquilar un coche.
Aquí tiene mi tarjeta de crédito.

Aquí tiene mi permiso de conducir.

Gostaria de alugar um carro.
Aqui está o meu cartão de crédito.
Aqui está a minha carta de condução / *carteira de habilitação (am.)*.

¿Qué hay para ver en la ciudad?
Vaya al casco antiguo de la ciudad.
Dé una vuelta por la ciudad.

O que há / *tem (am.)* para se ver na cidade?
Vá à zona antiga / *ao centro histórico (am.)* da cidade.
Vá fazer um circuito turístico na / *passeio pela (am.)* cidade.

Vaya al puerto.
Hágale una visita al puerto.
¿Qué otros lugares de interés hay además de éstos?

Vá ao porto.
Vá fazer um circuito turístico no / *passeio pelo (am.)* porto.
Que atrações turísticas há mais?

26 [veintiséis]

En la naturaleza

26 [vinte e seis]

Na natureza

¿Ves aquella torre allá?
¿Ves aquella montaña allá?
¿Ves aquel pueblo allá?

¿Ves aquel río allá?
¿Ves aquel puente allá?
¿Ves aquel lago allá?

Ese pájaro me gusta.
Ese árbol me gusta.
Esta piedra me gusta.

Ese parque me gusta.
Ese jardín me gusta.
Esta flor me gusta.

(Eso) me parece bonito.
(Eso) me parece interesante.
(Eso) me parece precioso.

(Eso) me parece feo.
(Eso) me parece aburrido.
(Eso) me parece terrible.

Estás a ver ali / *Está vendo (am.)* a torre?
Estás a ver ali / *Está vendo (am.)* a montanha?
Estás a ver ali / *Está vendo (am.)* a aldeia?

Estás a ver ali o rio? / *Está vendo o rio ali (am.)*?
Estás a ver ali a ponte? / *Está vendo a ponte ali (am.)*?
Estás a ver ali o lago? / *Está vendo o lago ali (am.)*?

Eu gosto daquele pássaro ali.
Eu gosto daquela árvore ali.
Eu gosto desta pedra aqui.

Eu gosto daquele parque ali.
Eu gosto daquele jardim ali.
Eu gosto desta flor aqui.

Eu acho isto bonito.
Eu acho isto interessante.
Eu acho isto maravilhoso.

Eu acho isto feio.
Eu acho isto aborrecido / *chato (am.)*.
Eu acho isto horrível.

27 [veintisiete]

En el hotel – Llegada

27 [vinte e sete]

No hotel – chegada

¿Tiene (usted) una habitación libre?
He reservado una habitación.
Mi nombre es Molinero.

Tem um quarto livre?
Eu reservei um quarto.
O meu nome é Müller.

Necesito una habitación individual.
Necesito una habitación doble.
¿Cuánto vale la habitación por noche?

Eu preciso de um quarto simples.
Eu preciso de um quarto duplo.
Quanto custa o quarto por uma noite?

Quisiera una habitación con baño.
Quisiera una habitación con ducha.
¿Puedo ver la habitación?

Gostaria de um quarto com casa-de-banho.
Gostaria de um quarto com chuveiro.
Posso ver o quarto?

¿Hay garaje aquí?
¿Hay caja fuerte aquí?
¿Hay fax aquí?

Há uma garagem aqui?
Há um cofre aqui?
Há um fax aqui?

De acuerdo, cogeré la habitación.
Aquí tiene las llaves.
Éste es mi equipaje.

Está bem, eu fico com o quarto.
Aqui estão as chaves.
Aqui está a minha bagagem.

¿A qué hora es el desayuno?
¿A qué hora es el almuerzo / la comida?
¿A qué hora es la cena?

A que horas é o pequeno-almoço / *café da manhã (am.)*?
A que horas é o almoço?
A que horas é o jantar?

28 [veintiocho]

En el hotel – Quejas

28 [vinte e oito]

No hotel – reclamações

La ducha no funciona.	O chuveiro não funciona.
No hay agua caliente.	Não há água quente.
¿Podría (usted) arreglarlo / hacer que lo arreglen?	Pode arranjar isto?
No hay teléfono en la habitación.	Não há telefone no quarto.
No hay televisión en la habitación.	Não há televisão no quarto.
La habitación no tiene balcón.	O quarto não tem varanda.
La habitación es demasiado ruidosa.	O quarto é muito barulhento.
La habitación es demasiado pequeña.	O quarto é muito pequeno.
La habitación es demasiado oscura.	O quarto é muito escuro.
La calefacción no funciona.	O aquecimento não funciona.
El aire acondicionado no funciona.	O ar- condicionado não funciona.
El televisor no funciona.	A televisão está avariada.
(Eso) no me gusta.	Não gosto.
(Eso) es demasiado caro.	É muito caro.
¿Tiene (usted) algo más barato?	Tem alguma coisa mais barata?
¿Hay algún albergue juvenil por aquí?	Há aqui perto uma pousada da juventude? / *Existe algum albergue aqui perto (am.)?*
¿Hay alguna pensión cerca de aquí?	Há aqui perto uma pensão? / *Existe alguma pensão aqui perto (am.)?*
¿Hay algún restaurante por aquí?	Há aqui perto um restaurante? / *Existe algum restaurante aqui perto (am.)?*

29 [veintinueve] / 29 [vinte e nove]

En el restaurante 1 / No restaurante 1

¿Está libre esta mesa?	A mesa está livre?
Querría la carta, por favor.	Gostaria de ter a ementa / *ver o cardápio (am.)* por favor.
¿Qué me recomienda (usted)?	O que é que *(você)* me recomenda?
Me gustaría una cerveza.	Gostaria de uma cerveja.
Me gustaría un agua mineral.	Eu quero uma água mineral.
Me gustaría un zumo de naranja.	Eu quero um sumo / *suco (am.)* de laranja.
Me gustaría un café.	Eu quero um café.
Me gustaría un café con leche.	Eu quero café com leite.
Con azúcar, por favor.	Com açúcar, por favor.
Querría un té.	Eu quero um chá.
Querría un té con limón.	Eu quero um chá com limão.
Querría un té con leche.	Eu quero um chá com leite.
¿Tiene (usted) cigarrillos?	Tem cigarros?
¿Tiene (usted) un cenicero?	Tem um cinzeiro?
¿Tiene (usted) un encendedor?	Tem lume / *isqueiro (am.)*?
Me falta un tenedor.	Falta um garfo.
Me falta un cuchillo.	Falta uma faca.
Me falta una cuchara.	Falta uma colher.

30 [treinta]

En el restaurante 2

30 [trinta]

No restaurante 2

Un zumo de manzana, por favor.	Um sumo / *suco (am.)* de maçã, por favor.
Una limonada, por favor.	Uma limonada, por favor.
Un zumo de tomate, por favor.	Um sumo / *suco (am.)* de tomate, por favor.
Me gustaría una copa de vino tinto.	Eu quero um copo de vinho tinto.
Me gustaría una copa de vino blanco.	Eu quero um copo de vinho branco.
Me gustaría una botella de champán.	Eu quero uma garrafa de espumante.
¿Te gusta el pescado?	Gostas / *Você gosta (am.)* de peixe?
¿Te gusta la carne de ternera?	Gostas / *Você gosta (am.)* de carne de vaca?
¿Te gusta la carne de cerdo?	Gostas / *Você gosta (am.)* de carne de porco?
Querría algo sin carne.	Eu quero alguma coisa sem carne.
Querría un plato de verduras.	Eu quero um prato de legumes.
Querría algo que no tarde mucho.	Eu quero alguma coisa que não demore muito.
¿Lo querría (usted) con arroz?	Quer ter isto com arroz?
¿Lo querría (usted) con pasta / fideos?	Quer ter isto com massa?
¿Lo querría (usted) con patatas?	Quer ter isto com batatas?
(Eso) no me gusta.	Não gosto disto.
La comida está fría.	A comida está fria.
Eso no lo he pedido.	Não pedi isto.

31 [treinta y uno]

En el restaurante 3

31 [trinta e um]

No restaurante 3

Querría un entrante.	Eu quero uma entrada.
Querría una ensalada.	Eu quero uma salada.
Querría una sopa.	Eu quero uma sopa.
Querría algo de postre.	Eu quero uma sobremesa.
Querría un helado con nata.	Eu quero um gelado / *um sorvete (am.)* com chantilly.
Querría fruta o queso.	Eu quero fruta ou queijo.
Nosotros / nosotras querríamos desayunar.	Queremos tomar o pequeno-almoço / *café da manhã (am.)*.
Nosotros / nosotras querríamos comer / almorzar.	Queremos almoçar.
Nosotros / nosotras querríamos cenar.	Queremos jantar.
¿Qué desea / querría (usted) desayunar?	O que quer para o pequeno-almoço / *café da manhã (am.)*?
¿Panecillos con mermelada y miel?	Pão com doce e mel?
¿Tostadas con salchicha y queso?	Pão torrado com presunto e queijo?
¿Un huevo cocido / hervido?	Um ovo cozido?
¿Un huevo frito?	Um ovo estrelado?
¿Una tortilla francesa?	Uma omelete?
Tráigame otro yogur, por favor.	Mais um iogurte por favor.
Tráigame más sal y pimienta, por favor.	Mais sal e pimenta por favor.
Tráigame otro vaso de agua, por favor.	Mais um copo com água por favor.

32 [treinta y dos]

En el restaurante 4

32 [trinta e dois]

No restaurante 4

Una ración de patatas fritas con ketchup.	Uma dose / *porção (am.)* de batatas fritas com ketchup.
Y dos con mayonesa.	E duas doses / *porções (am.)* com maionese.
Y tres raciones de salchichas con mostaza.	E três salsichas grelhadas com mostarda.
¿Qué verduras tiene (usted)?	O que tem de legumes?
¿Tiene (usted) habichuelas / frijoles (am.)?	Tem feijão?
¿Tiene (usted) coliflor?	Tem couve-flor?
Me gusta el maíz.	Eu gosto de milho.
Me gusta el pepino.	Eu gosto de pepinos.
Me gusta el tomate.	Eu gosto de tomates.
¿Le gusta también comer puerro?	Também gosta de alho francês?
¿Le gusta también comer la col fermentada?	Também gosta de chucrute?
¿Le gusta también comer lentejas?	Também gosta de lentilhas?
¿Te gusta también comer zanahoria?	Também gosta de cenouras?
¿Te gusta también comer brócoli?	Também gosta de brócolos / *brócolis (am.)*?
¿Te gusta también comer pimientos?	Também gosta de pimentão?
No me gusta la cebolla.	Eu não gosto de cebolas.
No me gustan las aceitunas.	Eu não gosto de azeitonas.
No me gustan las setas.	Eu não gosto de cogumelos.

33 [treinta y tres]

En la estación de tren

33 [trinta e três]

Na estação

¿Cuándo sale el próximo tren para Berlín?
¿Cuándo sale el próximo tren para París?
¿Cuándo sale el próximo tren para Londres?

Quando vai / *sai (am.)* o próximo comboio / *trem (am.)* para Berlim?
Quando vai / *sai (am.)* o próximo comboio / *trem (am.)* para Paris?
Quando vai / *sai (am.)* o próximo comboio / *trem (am.)* para Londres?

¿A qué hora sale el tren que va a Varsovia?
¿A qué hora sale el tren que va a Estocolmo?
¿A qué hora sale el tren que va a Budapest?

A que horas vai o comboio / *o trem vai (am.)* para Varsóvia?
A que horas vai o comboio / *o trem vai (am.)* para Estocolmo?
A que horas vai o comboio / *o trem vai (am.)* para Budapeste?

Querría un billete a Madrid.
Querría un billete a Praga.
Querría un billete a Berna.

Eu quero um bilhete para Madrid.
Eu quero um bilhete para Praga.
Eu quero um bilhete para Berna.

¿A qué hora llega el tren a Viena?
¿A qué hora llega el tren a Moscú?
¿A qué hora llega el tren a Ámsterdam?

Quando chega o comboio / *o trem (am.)* a Viena?
Quando chega o comboio / *o trem (am.)* a Moscou?
Quando chega o comboio / *o trem (am.)* a Amesterdão?

¿Debo cambiar de tren?
¿De qué vía sale el tren?
¿Tiene coche-cama el tren?

Tenho de trocar de comboio? / *Preciso trocar de trem (am.)*?
De que linha parte o comboio? / *De que estação sai o trem (am.)*?
O comboio / trem *(am.)* tem carruagem-cama / *vagão-leito (am.)*?

Querría un billete sólo de ida a Bruselas.
Querría un billete de ida y vuelta a Copenhague.
¿Cuánto vale una plaza en el coche-cama?

Eu só quero um bilhete / *uma passagem (am.)* de ida para Bruxelas.
Eu quero um bilhete / *uma passagem (am.)* de volta para Copenhague.
Quanto custa um lugar na carruagem-cama / *no vagão-leito (am.)*?

34 [treinta y cuatro]

En el tren

34 [trinta e quatro]

No comboio

¿Es éste el tren que va a Berlín?
¿Cuándo sale el tren?
¿Cuándo llega el tren a Berlín?

É este o comboio / *trem (am.)* para Berlim?
Quando parte o comboio / *trem (am.)*?
Quando chega o comboio / *trem (am.)* a Berlim?

¿Disculpe, me deja pasar?
Creo que éste es mi asiento.
Creo que (usted) está sentado en mi asiento.

Com licença, posso passar?
Eu penso / *acho (am.)* que este é o meu lugar.
Eu penso / *acho (am.)* que você está sentado no meu lugar.

¿Dónde está el coche-cama?
El coche-cama está al final del tren.
¿Y dónde está el vagón-restaurante? – Al principio.

Onde está a carruagem-cama / *o vagão-leito (am.)*?
A carruagem-cama / *O vagão-leito (am.)* está no final do comboio / *trem (am.)*.
E onde é o vagão-restaurante? – No princípio.

¿Puedo dormir abajo?
¿Puedo dormir en medio?
¿Puedo dormir arriba?

Posso dormir em baixo?
Posso dormir no meio?
Posso dormir em cima?

¿Cuándo llegamos a la frontera?
¿Cuánto dura el viaje a Berlín?
¿Lleva el tren retraso?

Quando chegamos à fronteira?
Quanto tempo leva a viagem para Berlim?
O comboio / *trem (am.)* está atrasado?

¿Tiene (usted) algo para leer?
¿Se puede comprar algo para comer y beber aquí?
¿Podría (usted) despertarme a las 7:00 de la mañana, por favor?

Tem alguma coisa para ler?
Tem aqui alguma coisa para comer e beber?
Pode me acordar às 7:00 horas?

35 [treinta y cinco]

En el aeropuerto

35 [trinta e cinco]

No aeroporto

Querría hacer una reserva de avión para Atenas.	Eu quero marcar um voo / *vôo (am.)* para Atenas.
¿Es un vuelo directo?	É um voo / *vôo (am.)* directo?
En la ventana y para no fumadores, por favor.	Um lugar na janela, não- fumador / *não-fumante (am.)*, por favor.
Querría confirmar mi reserva.	Eu quero confirmar a minha reserva.
Querría anular mi reserva.	Eu quero anular / *cancelar (am.)* a minha reserva.
Querría cambiar mi reserva.	Eu quero trocar a minha reserva.
¿Cuándo sale el próximo vuelo para Roma?	Quando vai / *sai (am.)* o próximo avião para Roma?
¿Quedan dos plazas libres?	Ainda tem dois lugares?
No, sólo queda una plaza libre.	Não, só temos um lugar disponível.
¿Cuándo aterrizamos?	Quando aterramos / aterrissaremos?
¿Cuándo llegamos?	Quando chegamos / chegaremos?
¿Cuándo sale el autobús que va al centro de la ciudad?	Quando vai um autocarro / *sai um ônibus (am.)* para o centro da cidade?
¿Es ésta su maleta?	Esta é a sua mala?
¿Es ésta su bolsa?	Esta é a sua bolsa?
¿Es éste su equipaje?	Esta é a sua bagagem?
¿Cuánto equipaje puedo llevar?	Quanta bagagem posso levar?
Veinte kilos.	Vinte quilos.
¿Cómo? ¿Sólo veinte kilos?	O quê? Só vinte quilos?

36 [treinta y seis]

Transporte Público

36 [trinta e seis]

Transporte público

¿Dónde está la parada del autobús?
¿Qué autobús va al centro?
¿Qué línea tengo que coger?

Onde é a paragem do autocarro / *o ponto do ônibus (am.)*?
Qual é o autocarro / *ônibus (am.)* que vai para o centro?
Qual é a linha que tenho de apanhar?

¿Debo hacer trasbordo / cambiar de autobús?
¿Dónde debo hacer trasbordo / cambiar?
¿Cuánto vale un billete?

Tenho de mudar?
Onde tenho de mudar?
Quanto custa um bilhete / *uma passagem (am.)*?

¿Cuántas paradas hay hasta el centro?
Tiene (usted) que bajar aquí.
Tiene (usted) que bajar por detrás.

Quantas paragens / *paradas (am.)* são até ao centro?
Tem que sair aqui.
Tem que sair atrás.

El próximo metro pasa dentro de 5 minutos.
El próximo tranvía pasa dentro de 10 minutos.
El próximo autobús pasa dentro de 15 minutos.

O próximo metro vem / *metrô chega (am.)* em 5 minutos.
O próximo eléctrico vem / *bonde chega (am.)* em 10 minutos.
O próximo autocarro vem / *ônibus chega* em 15 minutos.

¿A qué hora pasa el último metro?
¿A qué hora pasa el último tranvía?
¿A qué hora pasa el último autobús?

Quando é o último metro / *metrô (am.)*?
Quando parte / *sai (am.)* o último eléctrico / *bonde (am.)*?
Quando parte / *sai (am.)* o último autocarro / *ônibus (am.)*?

¿Tiene (usted) billete?
¿Billete? – No, no tengo billete.
Pues tendrá (usted) que pagar una multa.

Tem um bilhete / *uma passagem (am.)*?
Um bilhete / *Uma passagem*? – Não, não tenho.
Então tem que pagar uma multa.

37 [treinta y siete]

En el camino

37 [trinta e sete]

No caminho

Él va en moto.	Ele vai de mota / *moto (am.)*.
Él va en bicicleta.	Ele vai de bicicleta.
Él va a pie / andando.	Ele vai a pé.
Él va en barco.	Ele vai de navio.
Él va en barca.	Ele vai de barco.
Él va nadando.	Ele nada. / *Ele vai à nado (am.)*.
¿Es peligrosa esta zona?	É perigoso aqui?
¿Es peligroso hacer autostop solo?	É perigoso andar de boleia / *pedir carona (am.)* sozinho?
¿Es peligroso ir a pasear de noche?	É perigoso passear sozinho à noite?
Nos hemos perdido.	Enganamo-nos no caminho. / *Nos perdemos no caminho (am.)*.
Vamos por el camino equivocado.	Estamos no caminho errado.
Tenemos que dar la vuelta.	Temos de / *que (am.)* voltar.
¿Dónde se puede aparcar por aquí?	Onde se pode estacionar?
¿Hay un aparcamiento por aquí?	Há um parque de estacionamento aqui?
¿Por cuánto tiempo podemos tener el coche aparcado aquí?	Quanto tempo se pode estacionar aqui?
¿Esquía (usted)?	Esquia? / *Você esquia (am.)*?
¿Sube (usted) con el telesilla?	Usa o teleférico para cima?
¿Se pueden alquilar esquís aquí?	Pode-se alugar esquis aqui?

38 [treinta y ocho]

En el taxi

38 [trinta e oito]

No táxi

Pida (usted) un taxi, por favor.	Por favor chame um taxi.
¿Cuánto vale ir hasta la estación?	Quanto custa até à estação?
¿Cuánto vale ir hasta el aeropuerto?	Quanto custa até ao aeroporto?
Vaya recto, por favor.	Em frente, por favor.
Aquí a la derecha, por favor.	Aqui à direita por favor.
Allí, en la esquina, a la izquierda, por favor.	Naquela esquina à esquerda por favor.
Tengo prisa.	Eu estou com pressa.
Tengo tiempo.	Eu tenho tempo.
Vaya (usted) más despacio, por favor.	Por favor vá mais devagar.
Pare (usted) aquí, por favor.	Pare aqui, por favor.
Espere (usted) un momento, por favor.	Espere um momento por favor.
Vuelvo enseguida.	Eu já volto.
Hágame (usted) un recibo, por favor.	Por favor dê-me um recibo.
No tengo dinero suelto.	Eu não tenho troco.
Está bien así, quédese con el cambio.	Está certo assim.
Lléveme a esta dirección.	Leve-me a esta morada / *este endereço (am.)*.
Lléveme a mi hotel.	Leve-me ao meu hotel.
Lléveme a la playa.	Leve-me à praia.

39 [treinta y nueve] / 39 [trinta e nove]

Averías en el coche / Avaria do carro

¿Dónde está la próxima gasolinera?
Tengo una rueda pinchada.
¿Puede (usted) cambiar la rueda?

Onde é a próxima bomba / *o póximo posto (am.)* de gasolina?
Eu estou com um pneu furado.
Pode trocar o pneu?

Necesito un par de litros de gasóleo.
Me he quedado sin gasolina.
¿Tiene (usted) un bidón de reserva?

Preciso de alguns litros de gasóleo / *diesel (am.)*.
Eu não tenho mais gasolina.
Tem um bidão?

¿Desde dónde puedo llamar (por teléfono)?
Necesito una grúa.
Busco un taller mecánico.

Onde posso telefonar?
Eu preciso de um reboque.
Eu procuro uma oficina.

Ha habido un accidente.
¿Dónde está el teléfono más cercano?
¿Tiene (usted) un (teléfono) móvil?

Houve um acidente.
Onde é o próximo telefone público?
Tem um telemóvel consigo? / *Você tem um celular (am.)*?

Necesitamos ayuda.
¡Llame (usted) a un médico!
¡Llame (usted) a la policía!

Nós precisamos de ajuda.
Chame um médico!
Chame a polícia!

Su documentación, por favor.
Su permiso de conducir, por favor.
Su permiso de circulación, por favor.

Os seus papéis / *documentos (am.)*, por favor.
A sua carta de condução / *carteira de motorista (am.)*, por favor.
Os seus documentos do carro, por favor.

40 [cuarenta]

Preguntando por el camino

40 [quarenta]

Perguntar o caminho

¡Disculpe!
¿Me puede ayudar?
¿Dónde hay un buen restaurante por aquí?

Desculpe!
(Você) Pode me ajudar?
Onde há / *tem (am.)* um bom restaurante?

Gire (usted) a la izquierda en la esquina.
Siga entonces derecho un trecho.
Después vaya a la derecha por cien metros.

Vire à esquerda na esquina.
Depois um bocado em frente.
Depois vá cem metros para a direita.

(Usted) también puede tomar el autobús.

(Usted) también puede tomar el tranvía.

(Usted) también puede simplemente conducir / manejar (am.) detrás de mí.

Também pode apanhar o autocarro / *ônibus (am.)*.

Também pode apanhar o eléctrico / *bonde (am.)*.

Também pode vir atrás de mim.

¿Cómo hago para llegar al estadio de fútbol?
¡Cruce el puente!
¡Pase el túnel!

Como vou ao estádio?
Atravesse a ponte!
Vá pelo túnel!

Conduzca / Maneje (am.) hasta que llegue al tercer semáforo.

Después tuerza en la primera calle a la derecha.

Después conduzca / maneje (am.) recto pasando el próximo cruce.

Vá até ao terceiro semáforo.

Depois corta a / *entre na (am.)* primeira rua á direita.

Depois segue em frente no próximo cruzamento.

¿Disculpe, cómo hago para llegar al aeropuerto?
Mejor tome (usted) el metro.
Simplemente vaya hasta la última estación.

Desculpe, como vou ao aeroporto?
É melhor você apanhar o metro / *metrô (am.)*.
Vá até à ultima paragem / *estação (am.)*.

41 [cuarenta y uno]

Orientación

41 [quarenta e um]

Orientação

¿Dónde está la Oficina de Turismo?
¿Tiene (usted) un plano de la ciudad para mí?
¿Puedo hacer una reserva de hotel aquí?

Onde é o posto de turismo?
Tem um mapa para mim?
Pode-se reservar / *Eu posso reservar (am.)* um quarto de hotel aqui?

¿Dónde está el casco antiguo?
¿Dónde está la catedral?
¿Dónde está el museo?

Onde é a cidade velha / *o centro histórico (am.)*?
Onde é a catedral?
Onde é o museu?

¿Dónde se pueden comprar sellos?
¿Dónde se pueden comprar flores?
¿Dónde se pueden comprar billetes?

Onde se pode comprar selos?
Onde se pode comprar flores?
Onde se pode comprar bilhetes / *passagens (am.)*?

¿Dónde está el puerto?
¿Dónde está el mercado?
¿Dónde está el castillo?

Onde é o porto?
Onde é o mercado?
Onde é o palácio?

¿Cuándo empieza la visita guiada?
¿Cuándo acaba la visita guiada?
¿Cuánto tiempo dura la visita guiada?

Quando começa a visita guiada?
Quando acaba a visita guiada?
Quanto tempo demora a visita guiada?

Quisiera un guía que hable alemán.
Quisiera un guía que hable italiano.
Quisiera un guía que hable francés.

Eu quero um guia que fala alemão.
Eu quero um guia que fala italiano.
Eu quero um guia que fala francês.

42 [cuarenta y dos]

Una visita por la ciudad

42 [quarenta e dois]

Visita na cidade

¿Está abierto el mercado los domingos?
¿Está abierta la feria los lunes?
¿Está abierta la exposición los martes?

O mercado está aberto aos Domingos?
A feira está aberta às segundas-feiras?
A exposição está aberta às terças-feiras?

¿Está abierto el zoológico los miércoles?
¿Está abierto el museo los jueves?
¿Está abierta la galería los viernes?

O jardim zoológico está aberto às quartas-feiras?
O museu está aberto às quintas-feiras?
A galeria está aberta às sextas-feiras?

¿Se pueden tomar fotos?
¿Hay que pagar entrada?
¿Cuánto vale la entrada?

Pode-se tirar fotografias?
Tem que se pagar a entrada?
Quanto custa a entrada?

¿Hay descuento para grupos?
¿Hay descuento para niños?
¿Hay descuento para estudiantes?

Há um desconto para grupos?
Há um desconto para crianças?
Há um desconto para estudantes?

¿Qué tipo de edificio es éste?
¿De hace cuánto es este edificio?
¿Quién construyó este edificio?

Que edifício é este?
Quantos anos tem este edifício?
Quem construiu este edifício?

Me interesa la arquitectura.
Me interesa el arte.
Me interesa la pintura.

Eu me interesso por arquitetura.
Eu me interesso por arte.
Eu me interesso por pintura.

43 [cuarenta y tres]

En el zoológico

43 [quarenta e três]

No jardim zoológico

Ahí está el zoológico.	Ali é o jardim zoológico.
Ahí están las jirafas.	Ali estão as girafas.
¿Dónde están los osos?	Onde estão os ursos?
¿Dónde están los elefantes?	Onde estão os elefantes?
¿Dónde están las serpientes?	Onde estão as cobras?
¿Dónde están los leones?	Onde estão os leões?
(Yo) tengo una cámara fotográfica.	Eu tenho uma máquina fotográfica.
(Yo) tengo también una videocámara.	Eu também tenho uma câmara de filmar / *filmadora (am.)*.
¿Dónde están las pilas / baterías?	Onde há / *tem (am.)* uma bateria?
¿Dónde están los pingüinos?	Onde estão os pinguins?
¿Dónde están los canguros?	Onde estão os cangurus?
¿Dónde están los rinocerontes?	Onde estão os rinocerontes?
¿Dónde está el lavabo?	Onde há uma casa de banho? / *Onde tem um banheiro (am.)*?
Ahí hay una cafetería.	Ali há / *tem (am.)* um café.
Ahí hay un restaurante.	Ali há / *tem (am.)* um restaurante.
¿Dónde están los camellos?	Onde estão os camelos?
¿Dónde están los gorilas y las cebras?	Onde estão os gorilas e as zebras?
¿Dónde están los tigres y cocodrilos?	Onde estão os tigres e os crocodilos?

44 [cuarenta y cuatro]

Salir por la noche

44 [quarenta e quatro]

Sair à noite

¿Hay alguna discoteca por aquí?
¿Hay algún club nocturno por aquí?
¿Hay algún bar por aquí?

Há aqui uma discoteca? / *Tem uma discoteca aqui (am.)*?
Há aqui um clube nocturno? / *Tem um clube noturno aqui (am.)*?
Há aqui um bar? / *Tem um bar aqui (am.)*?

¿Qué hay esta noche en el teatro?
¿Qué ponen esta noche en el cine?
¿Qué echan esta noche por televisión?

O que há hoje à noite no teatro?
O que há hoje à noite no cinema?
O que há hoje à noite na televisão?

¿Aún hay entradas para el teatro?
¿Aún hay entradas para el cine?
¿Aún hay entradas para el partido de fútbol?

Ainda há bilhetes / *tem ingressos (am.)* para o teatro?
Ainda há bilhetes / *tem ingressos (am.)* para o cinema?
Ainda há bilhetes / *tem ingressos (am.)* para o jogo de futebol?

Querría sentarme atrás del todo.
Querría sentarme por el centro.
Querría sentarme delante del todo.

Eu quero sentar-me / *me sentar (am.)* atrás.
Eu quero sentar-me / *me sentar (am.)* num lugar no meio.
Eu quero sentar-me / *me sentar (am.)* à frente.

¿Qué me puede recomendar (usted)?
¿Cuándo empieza la sesión?
¿Puede conseguirme (usted) una entrada?

Pode me recomendar alguma coisa?
Quando começa o espectáculo?
Pode-me arranjar um bilhete / *ingresso (am.)*?

¿Hay algún campo de golf por aquí?
¿Hay algún campo de tenis por aquí?
¿Hay alguna piscina cubierta por aquí?

Há / *Tem (am.)* aqui perto um campo de golfe?
Há / *Tem (am.)* aqui perto um campo de ténis?
Há / *Tem (am.)* aqui perto uma piscina coberta?

45 [cuarenta y cinco]

En el cine

45 [quarenta e cinco]

No cinema

(Nosotros / nosotras) queremos ir al cine.

Ponen una buena película hoy.

La película es completamente nueva.

¿Dónde está la caja?
¿Aún hay asientos disponibles?
¿Cuánto cuestan las entradas?

¿Cuándo comienza la sesión?
¿Cuánto dura la película?
¿Se pueden reservar entradas / boletos (am.)?

Querría sentarme detrás.
Querría sentarme delante.
Querría sentarme en el medio.

La película fue emocionante.
La película no fue aburrida.
Pero el libro en el que se basa la película era mejor.

¿Cómo fue la música?
¿Cómo fueron los actores?
¿Había subtítulos en inglés?

Nós queremos ir ao cinema.

Hoje vai dar um bom filme. / *Tem um bom filme em cartaz (am.).*

O filme é completamente novo / *lançamento (am.).*

Onde está a caixa? / *Onde fica a bilheteria (am.)*?
Ainda há / *tem (am.)* lugares?
Quanto custam os bilhetes de entrada / *ingressos (am.)*?

Quando começa a sessão?
Quanto tempo demora o filme?
Pode se reservar bilhetes / *ingressos*?

Eu quero sentar-me / *me sentar (am.)* atrás.
Eu quero sentar-me / *me sentar (am.)* à frente.
Eu quero sentar-me / *me sentar (am.)* no meio.

O filme foi emocionante.
O filme não foi aborrecido / *cansativo (am.).*

Mas o livro do filme foi melhor.

Como foi a música? / *O que achou da música?*
Como foram os actores? / *O que achou dos atores?*
Havia legendas em inglês?

46 [cuarenta y seis]

En la discoteca

46 [quarenta e seis]

Na discoteca

¿Está libre esta silla?
¿Puedo sentarme en su mesa?
Por supuesto.

Este lugar aqui está livre?
Posso- me sentar aqui?
Com muito prazer.

¿Qué le parece la música?
Un poco demasiado alta.
Pero el grupo toca muy bien.

Como acha a música? / *O que acha a música?*
Um pouco alto / barulhento demais.
Mas a banda / o grupo toca bem.

¿Viene (usted) mucho por aquí?
No, ésta es la primera vez.
Yo nunca había estado aquí antes.

Vem muitas vezes aqui?
Não, é a primeira vez.
Nunca estive aqui.

¿Baila?
Tal vez más tarde.
No bailo muy bien.

Dança? / *Você dança (am.)*?
Se calhar / *Talvez (am.)* mais tarde.
Eu não danço muito bem.

Es muy fácil.
Yo le enseño.
No, mejor en otra ocasión.

É bem fácil.
Eu mostro-lhe. / *Eu te mostro (am.)*.
Não, obrigado / obrigada, talvez outra vez.

¿Espera (usted) a alguien?
Sí, a mi novio.
¡Ya está aquí!

Espera por alguém?
Sim, espero pelo meu namorado.
Ali vem ele!

47 [cuarenta y siete]

Preparando un viaje

47 [quarenta e sete]

Preparações de viagem

¡(Tú) tienes que hacer nuestra maleta!
¡No puedes olvidarte de nada!
¡(Tú) necesitas una maleta grande!

¡No olvides tu pasaporte!

¡No olvides tu billete / pasaje (am.)!

¡No olvides tus cheques de viaje!

Lleva crema solar (contigo).
Lleva las gafas de sol (contigo).
Lleva el sombrero (contigo).

¿Quieres llevar un mapa de carreteras?
¿Quieres llevar una guía de viaje?

¿Quieres llevar un paraguas?

Que no se te olviden los pantalones, las camisas, los calcetines.
Que no se te olviden las corbatas, los cinturones, las americanas.
Que no se te olviden los pijamas, los camisones y las camisetas.

(Tú) necesitas zapatos, sandalias y botas.
(Tú) necesitas pañuelos, jabón y unas tijeras de manicura.
(Tú) necesitas un peine, un cepillo de dientes y pasta de dientes.

Tu tens / *Você tem (am.)* que fazer a nossa mala!
Tu não te podes / *Você não pode (am.)* esquecer de nada!
Tu precisas / *Você precisa de (am.)* uma mala grande!

Não te esqueças do passaporte! / *Não esqueça o passaporte (am.)*!
Não te esqueças do bilhete de avião! / *Não esqueça a passagem (am.)*!
Não te esqueças dos / *Não esqueça os (am.)* cheques de viagem!

Leva o creme solar.
Leva os óculos de sol.
Leva o chapéu de sol.

Queres / *Você quer (am.)* levar um mapa de estradas?
Queres / *Você quer (am.)* levar um guia?
Queres levar um chapéu de chuva? / *Você quer um guarda-chuva (am.)*?

Lembra-te / *Lembre-se (am.)* das calças, das camisas, das meias.
Lembra-te / *Lembre-se (am.)* das gravatas, dos cintos, dos casacos.
Lembra-te / *Lembre-se (am.)* dos pijamas, das camisa de dormir e das t-shirts.

Tu precisas / *Você precisa (am.)* de sapatos, sandálias e botas.
Tu precisas / *Você precisa (am.)* de lenços, sabão e uma tesoura das unhas.
Tu precisas / *Você precisa (am.)* de um pente, de uma escova de dentes e pasta de dentes.

48 [cuarenta y ocho]

Actividades vacacionales

48 [quarenta e oito]

Atividades de férias

¿Está limpia la playa?	A praia é limpa?
¿Se puede uno bañar (allí)?	Pode-se tomar banho ali?
¿No es peligroso bañarse (allí)?	Não é perigoso tomar banho ali?
¿Se pueden alquilar sombrillas aquí?	Pode-se alugar um chapéu de sol / *guarda-sol (am.)* aqui?
¿Se pueden alquilar tumbonas aquí?	Pode-se alugar aqui uma cadeira de repouso?
¿Se pueden alquilar barcas aquí?	Pode-se alugar um barco aqui?
Me gustaría hacer surf.	Eu gostava de fazer surf. / *Eu gostaria de surfar (am.)*.
Me gustaría bucear.	Eu gostava / *Eu gostaria (am.)* de mergulhar.
Me gustaría hacer esquí acuático.	Eu gostava / *Eu gostaria (am.)* de fazer ski aquático.
¿Se pueden alquilar tablas de surf?	Pode-se alugar uma prancha de surf?
¿Se pueden alquilar equipos de buceo?	Pode-se alugar um equipamento de mergulho?
¿Se pueden alquilar esquís acuáticos?	Podem-se alugar skis aquáticos?
Soy principiante.	Eu sou apenas um principiante.
Tengo un nivel intermedio.	Eu sou mais ou menos bom.
Tengo un buen nivel.	Já sei lidar com isto.
¿Dónde está el telesilla?	Onde está o teleférico?
¿Tienes los esquís aquí?	Trouxeste / *Você trouxe (am.)* os skis?
¿Tienes las botas de esquí aquí?	Trouxeste / *Você trouxe (am.)* as botas de ski?

49 [cuarenta y nueve]

Deporte

49 [quarenta e nove]

Desporto

¿Haces deporte?
Si, necesito estar en movimiento.
(Yo) voy a un club deportivo.

(Nosotros / nosotras) jugamos al fútbol.
A veces (nosotros / nosotras) nadamos.
O montamos en bicicleta.

Hay un estadio de fútbol en nuestra ciudad.
También hay una piscina con sauna.
Y hay un campo de golf.

¿Qué hay en la televisión?
En este momento hay un partido de fútbol.
El equipo alemán está jugando contra el inglés.

¿Quién está ganando?
No tengo ni idea.
En este momento están empatados.

El árbitro es de Bélgica.
Ahora hay un penalti.
¡Gol! ¡Uno a cero!

Fazes desporto? / *Você pratica esporte (am.)*?
Sim, eu tenho de me mover. / *Sim, eu preciso me exercitar (am.)*.
Eu estou num clube de desporto. / *Eu frequento um clube esportivo (am.)*.

Nós jogamos bola.
Às vezes vamos nadar.
Ou nós vamos andar de bicicleta.

Na nossa cidade há / *tem (am.)* um estádio.
Também há / *tem (am.)* uma piscina com sauna.
E há / *tem (am.)* um campo de golfe.

O que há / *tem (am.)* na televisão?
De / *No (am.)* momento há um jogo de futebol.
A equipa *(equipe)* alemã joga contra a equipa *(equipe)* inglesa.

Quem está a ganhar? / *Quem está ganhando (am.)*?
Não faço ideia.
De / *No (am.)* momento está empatado.

O árbitro é da Bélgica.
Agora há / *houve (am.)* um penalty.
Golo! / *Gol (am.)*! Um a zero!

50 [cincuenta]

En la piscina

50 [cinquenta]

Na piscina

Hace calor hoy.	Hoje está calor.
¿Vamos a la piscina?	Vamos à piscina?
¿Tienes ganas de ir a nadar?	Estás / Está com vontade de ir à piscina?
¿Tienes una toalla?	Tens / *Você tem (am.)* uma toalha?
¿Tienes un bañador?	Tens / *Você tem (am.)* uns calções de banho?
¿Tienes un traje de baño?	Tens / *Você tem (am.)* um fato de banho / *maiô (am.)*?
¿(Tú) sabes nadar?	Podes / *Você pode (am.)* nadar?
¿(Tú) sabes bucear?	Podes / *Você pode (am.)* mergulhar?
¿(Tú) sabes lanzarte al agua?	Podes / *Você pode (am.)* saltar para a água?
¿Dónde está la ducha?	Onde está o duche / *chuveiro (am.)*?
¿Dónde está el vestuario?	Onde estão os balneários / *vestiários (am.)*?
¿Dónde están las gafas / los lentes (am.) de natación?	Onde estão os óculos de natação?
¿Es el agua profunda?	A água é funda?
¿Está limpia el agua?	A água está limpa?
¿Está caliente el agua?	A água está quente?
Me estoy congelando.	Estou com frio.
El agua está demasiado fría.	A água está fria de mais.
Salgo del agua ahora.	Eu vou sair da água.

51 [cincuenta y uno]

Haciendo diligencias

51 [cinquenta e um]

Fazer compras

Quiero ir a la biblioteca.
Quiero ir a la librería.
Quiero ir al quiosco.

Eu quero ir à biblioteca.
Eu quero ir para à livraria.
Eu quero ir ao quiosque.

Quiero llevarme un libro prestado.
Quiero comprar un libro.
Quiero comprar un periódico.

Eu quero emprestar um livro / *pegar um livro emprestado (am.)*.
Eu quero comprar um livro.
Eu quero comprar um jornal.

Quiero ir a la biblioteca para tomar prestado un libro.
Quiero ir a la librería para comprar un libro.
Quiero ir al quiosco para comprar un periódico.

Eu quero ir à biblioteca para emprestar um livro / *pegar um livro emprestado (am.)*.
Eu quero ir à livraria para comprar um livro.
Eu quero ir ao quiosque para comprar um jornal.

Quiero ir a la óptica.
Quiero ir al supermercado.
Quiero ir a la panadería.

Eu quero ir ao oculista.
Eu quero ir ao supermercado.
Eu quero ir ao padeiro.

Quiero comprarme unas gafas.
Quiero comprar frutas y verduras.
Quiero comprar pan y panecillos.

Eu quero comprar uns óculos.
Eu quero comprar frutas e legumes.
Eu quero comprar bolinhas e pão.

Quiero ir a la óptica para comprarme unas gafas.
Quiero ir al supermercado para comprar frutas y verduras.
Quiero ir a la panadería para comprar pan y panecillos.

Eu quero ir ao oculista para comprar uns óculos.
Eu quero ir ao supermercado para comprar frutas e legumes.
Eu quero ir ao padeiro para comprar pão.

52 [cincuenta y dos]

En los grandes almacenes

52 [cinquenta e dois]

No hipermercado

¿Vamos a los grandes almacenes / la tienda por departamento (am.)?
(Yo) tengo que hacer unas compras.
(Yo) quiero comprar muchas cosas.

Vamos a um hipermercado?
Eu tenho de fazer compras.
Eu quero comprar muito.

¿Dónde están los materiales de oficina?
(Yo) necesito sobres y papel para carta.
(Yo) necesito bolígrafos y marcadores.

Onde estão os artigos de escritório?
Eu preciso de envelopes e papel de carta.
Eu preciso de canetas e de canetas de feltro / pincéis de desenho.

¿Dónde están los muebles?
(Yo) necesito un armario y una cómoda.
(Yo) necesito un escritorio y una estantería.

Onde estão os móveis?
Eu preciso de um armário e de uma cômoda.
Eu preciso de uma (mesa de) secretária e de uma estante.

¿Dónde están los juguetes?
(Yo) necesito una muñeca y un oso de peluche.
(Yo) necesito un balón de fútbol y un juego de ajedrez.

Onde estão os brinquedos?
Eu preciso de uma boneca e de um urso de peluche / *pelúcia (am.)*.
Eu preciso de uma bola e de um jogo de xadrez.

¿Dónde están las herramientas?
(Yo) necesito un martillo y unas tenazas.
(Yo) necesito un taladro y un destornillador.

Onde estão as ferramentas?
Eu preciso de um martelo e de um alicate.
Eu preciso de um berbequim / *uma furadeira (am.)* e de uma chave de fendas.

¿En dónde está el departamento de joyas?
(Yo) necesito una cadena y una pulsera.
(Yo) necesito un anillo y unos pendientes / aretes (am.).

Onde estão as jóias?
Eu preciso de um colar e de uma pulseira.
Eu preciso de um anel e de uns brincos.

53 [cincuenta y tres]

Tiendas

53 [cinquenta e três]

Lojas

Estamos buscando una tienda de deportes.

Estamos buscando una carnicería.
Estamos buscando una farmacia.

Nós procuramos uma loja de desporto / *artigos esportivos (am.)*.
Nós procuramos um talho / *um açougue (am.)*.
Nós procuramos uma farmácia.

Es que querríamos comprar un balón de fútbol.
Es que querríamos comprar salami.
Es que querríamos comprar medicamentos.

Porque queremos comprar uma bola de futebol.
Porque queremos comprar um salame.
Porque queremos comprar medicamentos.

Estamos buscando una tienda de deportes para comprar un balón de fútbol.
Estamos buscando una carnicería para comprar salami.
Estamos buscando una farmacia para comprar medicamentos.

Nós procuramos uma loja de desporto / *artigos esportivos* para comprar uma bola de futebol.
Nós procuramos um talho / *açougue* para comprar um salame.
Nós procuramos uma farmácia para comprar medicamentos.

Estoy buscando una joyería.
Estoy buscando una tienda de fotografía.
Estoy buscando una pastelería.

Eu procuro uma joalharia / *joalheria (am.)*.
Eu procuro uma loja de fotografias.
Eu procuro uma pastelaria.

Es que quiero comprar un anillo.
Es que quiero comprar un carrete de fotos.
Es que quiero comprar una tarta.

Eu tenciono / *pretendo (am.)* comprar um anel.
Eu tenciono / *pretendo (am.)* comprar um rolo de fotografia / *filme (am.)*.
Eu tenciono / *pretendo (am.)* comprar uma torta.

Estoy buscando una joyería para comprar un anillo.
Estoy buscando una tienda de fotografía para comprar un carrete de fotos.
Estoy buscando una pastelería para comprar una tarta.

Eu procuro uma joalharia / *joalheria (am.)* para comprar um anel.
Eu procuro uma loja de fotografias para comprar um rolo / *filme (am.)*.
Eu procuro uma pastelaria / *confeitaria (am.)* para comprar uma torta.

54 [cincuenta y cuatro]

Ir de compras

54 [cinquenta e quatro]

Comprar

Querría comprar un regalo.	Eu quero comprar um presente.
Pero nada demasiado caro.	Mas nada de muito caro.
¿Un bolso, tal vez?	Talvez uma mala?
¿De qué color lo quiere?	Que cor *(você)* quer?
¿Negro, marrón o blanco?	Preto, castanho ou branco?
¿Grande o pequeño?	Uma grande ou uma pequena?
¿Puedo ver éstos?	Posso ver esta?
¿Es de piel?	Esta é de cabedal / *couro (am.)*?
¿O de plástico?	Ou é de plástico?
De piel, naturalmente.	Claro que é de couro.
Es de muy buena calidad.	Isto é de boa qualidade.
Y el bolso está realmente muy bien de precio.	E a bolsa é realmente muito barata.
Me gusta.	Gosto dela.
Me lo quedo.	Levo esta.
¿Lo puedo cambiar, dado el caso?	Podia trocá-la eventualmente?
Naturalmente.	Com certeza.
Se lo envolvemos como regalo.	Vamos embrulhar com / *para (am.)* presente.
La caja está ahí.	Ali do outro lado é a / *fica o (am.)* caixa.

55 [cincuenta y cinco]

Trabajar

55 [cinquenta e cinco]

Trabalhar

¿Cuál es su profesión?	O que / *Em que você (am.)* trabalha?
Mi esposo ejerce como doctor.	O meu marido trabalha como médico.
(Yo) trabajo media jornada como enfermera.	Eu trabalho em part-time / *meio período (am.)* como enfermeira.
Pronto recibiremos nuestra pensión.	Em breve recebemos a reforma / *aposentadoria (am.)*.
Pero los impuestos son altos.	Mas os impostos são elevados.
Y el seguro médico es caro.	E a segurança de saúde é elevada. / *E o seguro de saúde é elevado (am.)*.
¿Qué te gustaría ser?	Que queres ser um dia? / *O que você quer ser no futuro (am.)*?
Me gustaría ser ingeniero.	Eu quero ser engenheiro.
(Yo) quiero estudiar en la universidad.	Eu quero estudar na universidade.
(Yo) soy un / una pasante.	Eu sou estagiário.
(Yo) no gano mucho dinero.	Eu não ganho muito.
(Yo) estoy haciendo una pasantía / unas prácticas en el extranjero.	Eu faço (um) estágio no estrangeiro / *exterior (am.)*.
Ése es mi jefe.	Este é o meu patrão.
(Yo) tengo buenos compañeros de trabajo.	Eu tenho colegas simpáticos.
Siempre vamos a la cantina al mediodía.	Á / *Na (am.)* hora do almoço vamos sempre à cantina.
Estoy buscando trabajo.	Eu estou à procura / *procurando (am.)* emprego.
Llevo un año ya sin trabajo.	Eu já estou há um ano desempregado / -a.
Hay demasiados desempleados en este país.	Neste país há desempregados de mais.

Sentimientos

Sentimentos

tener ganas
(Nosotros / nosotras) tenemos ganas.
No tenemos ganas.

Ter vontade
Nós temos vontade.
Nós não temos vontade.

tener miedo
(Yo) tengo miedo.
No tengo miedo.

Ter medo.
Eu tenho medo.
Eu não tenho medo.

tener tiempo
(Él) tiene tiempo.
No tiene tiempo.

Ter tempo.
Ele tem tempo.
Ele não tem tempo.

aburrirse
(Ella) se aburre.
No se aburre.

Estar aborrecido.
Ela está aborrecida.
Ela não está aborrecida.

tener hambre
¿(Vosotros / vosotras) tenéis hambre?
¿No tenéis hambre?

ter fome / estar com fome
Estão com fome?
Não estão com fome?

tener sed
(Ellos / ellas) tienen sed.
No tienen sed.

ter sede / estar com sede
Eles estão com sede.
Eles não estão com sede.

57 [cincuenta y siete]

En la consulta del doctor

57 [cinquenta e sete]

No médico

(Yo) tengo una cita con el doctor.	Eu tenho uma consulta no médico.
(Yo) tengo la cita a las diez (de la mañana).	Eu tenho uma consulta às dez.
¿Cómo es su nombre?	Qual é o seu nome?
Por favor tome asiento en la sala de espera.	Aguarde na sala de espera.
Ya viene el doctor.	O médico já vem.
¿A qué compañía de seguros pertenece (usted)?	Qual é a sua companhia de seguros? / *Qual o seu plano de saúde (am.)*?
¿En qué lo / la puedo ayudar?	Em que lhe posso ser útil?
¿Tiene algún dolor?	Tem dores?
¿En dónde le duele?	Onde dói?
Siempre tengo dolor de espalda.	Eu tenho sempre dores de costas.
Tengo dolor de cabeza a menudo.	Eu tenho muitas vezes dores de cabeça.
A veces tengo dolor de estómago.	Às vezes tenho dores de barriga.
¡Por favor desabroche la parte superior!	Tire a parte de cima da sua roupa!
¡Por favor acuéstese en la camilla!	Deite-se na marquesa se faz / *na maca (am.)* por favor!
La presión arterial está en orden.	A tensão / *pressão (am.)* arterial está boa.
Le voy a prescribir una inyección.	Eu vou dar-lhe / *lhe dar (am.)* uma injeção.
Le prescribiré unas pastillas / tabletas (am.).	Eu vou dar-lhe / *lhe dar (am.)* comprimidos.
Le doy una receta médica para la farmacia.	Eu vou dar-lhe / *lhe dar (am.)* uma receita para a farmácia.

58 [cincuenta y ocho]

Las Partes del Cuerpo Humano

58 [cinquenta e oito]

Membros do corpo

Estoy dibujando un hombre.
Primero la cabeza.
El hombre tiene puesto un sombrero.

No se puede ver su cabello.
No se pueden ver sus orejas tampoco.
No se puede ver su espalda tampoco.

Estoy dibujando los ojos y la boca.
El hombre está bailando y riendo.
El hombre tiene una nariz larga.

Él lleva un bastón en sus manos.
(Él) también lleva una bufanda alrededor de su cuello.
Es invierno y hace frío.

Los brazos son fuertes.
Las piernas también son fuertes.
El hombre está hecho de nieve.

(Él) no lleva ni pantalones ni abrigo / saco (am.).
Pero el hombre no se congela.
(Él) es un muñeco de nieve.

Eu desenho um homem.
Primeiro a cabeça.
O homem tem um chapéu.

Não se vê o cabelo.
Também não se vêem as orelhas.
As costas também não se vêem.

Eu desenho os olhos e a boca.
O homem dança e sorri.
O homem tem um nariz muito comprido.

Ele leva um pau nas mãos.
Ele também leva um cachecol no pescoço.
É inverno e está frio.

Os braços são fortes.
As pernas também são fortes.
O homem é de neve.

Ele não leva calças, nem um casaco.
Mas o homem não está com frio.
Ele é um homem de neve.

59 [cincuenta y nueve]

En la oficina de correos

59 [cinquenta e nove]

Nos correios

¿Dónde está la oficina de correos más cercana?
¿Está muy lejos la oficina de correos más cercana?
¿Dónde esta el buzón más cercano?

Onde é o correio mais próximo?
É longe para o correio mais próximo?
Onde é a caixa de correio mais próxima?

Necesito un par de sellos.
Para una postal y para una carta.
Sí, ¿cuánto cuesta el franqueo para América?

Eu preciso de alguns selos.
Para um postal e uma carta.
Quanto é o postal / *selo (am.)* para os Estados Unidos?

¿Cuánto pesa el paquete?
¿Puedo mandarlo por correo aéreo?
¿Cuánto tarda en llegar?

Quanto pesa a encomenda / o pacote?
Posso mandá-lo por correio aéreo?
Quanto tempo leva para chegar?

¿Dónde puedo hacer una llamada?
¿Dónde está la cabina de teléfono más próxima?
¿Tiene (usted) tarjetas de teléfono?

Onde posso telefonar?
Onde é a cabine telefónica mais próxima?
Tem cartões de telefone?

¿Tiene (usted) una guía de teléfonos?
¿Sabe (usted) cuál es el código para llamar a Austria?
Un momento, voy a mirar.

Tem uma lista telefónica?
Sabe o indicativo para a Áustria?
Um momento, vou ver.

La línea está siempre ocupada.
¿Qué número ha marcado?
¡Primero hay que marcar un cero!

A linha está sempre ocupada.
Que número marcou / *discou (am.)*?
Primeiro tem que marcar o zero!

60 [sesenta]

En el banco

60 [sessenta]

No banco

Querría abrir una cuenta.	Eu quero abrir uma conta.
Aquí tiene mi pasaporte.	Aqui está o meu passaporte.
Y ésta es mi dirección.	E aqui está a minha morada / *o meu endereço (am.)*.
Querría ingresar dinero en mi cuenta.	Eu quero depositar dinheiro na minha conta.
Querría sacar dinero de mi cuenta.	Eu quero levantar / *sacar (am.)* dinheiro da minha conta.
Querría un extracto de mi cuenta.	Eu quero ir buscar os extractos de / *o extrato da (am.)* conta.
Querría hacer efectivo un cheque de viaje.	Eu quero cobrar um cheque de viagem.
¿De cuánto es la comisión?	Qual é a taxa?
¿Dónde tengo que firmar?	Onde (eu) tenho que assinar?
Estoy esperando una transferencia proveniente de Alemania.	Estou à espera de uma transferência bancária da Alemanha.
Éste es mi número de cuenta.	Aqui esta o número da minha conta.
¿Ha llegado el dinero?	O dinheiro chegou?
Quisiera cambiar este dinero.	Gostaria de trocar este dinheiro.
Necesito dólares.	Eu preciso de dólares (americanos).
Déme billetes pequeños, por favor.	Por favor dê-me / *me dê (am.)* notas pequenas.
¿Hay algún cajero automático por aquí?	Há aqui um multibanco? / *Aqui tem um banco 24 horas (am.)?*
¿Cuánto dinero se puede sacar?	Quanto dinheiro se pode levantar?
¿Qué tarjetas de crédito se pueden utilizar?	Quais os cartões de crédito que se podem usar?

61 [sesenta y uno]

Números ordinales

61 [sessenta e um]

Ordinal

El primer mes es enero.
El segundo mes es febrero.
El tercer mes es marzo.

El cuarto mes es abril.
El quinto mes es mayo.
El sexto mes es junio.

Seis meses son medio año.
Enero, febrero, marzo,
abril, mayo y junio.

El séptimo mes es julio.
El octavo mes es agosto.
El noveno mes es septiembre.

El décimo mes es octubre.
El undécimo mes es noviembre.
El duodécimo mes es diciembre.

Doce meses son un año.
Julio, agosto, septiembre,
octubre, noviembre y diciembre.

O primeiro mês é Janeiro.
O segundo mês é Fevereiro.
O terceiro mês é Março.

O quarto mês é Abril.
O quinto mês é Maio.
O sexto mês é Junho.

Seis meses são meio ano.
Janeiro, Fevereiro, Março,
Abril, Maio, Junho.

O sétimo mês é Julho.
O oitavo mês é Agosto.
O nono mês é Setembro.

O décimo mês é Outubro.
O décimo-primeiro mês é Novembro.
O décimo-segundo mês é Dezembro.

Doze meses são um ano.
Julho, Agosto, Setembro
Outubro, Novembro, Dezembro.

62 [sesenta y dos]

Haciendo preguntas 1

62 [sessenta e dois]

Fazer perguntas 1

aprender
¿Aprenden mucho los alumnos?
No, aprenden poco.

aprender
Os alunos aprendem muito?
Não, aprendem pouco.

preguntar
¿Hace (usted) preguntas a menudo al profesor?
No, no le pregunto a menudo.

perguntar
Fazem muitas perguntas ao professor?
Não, não lhe pergunto muitas vezes.

responder
Responda (usted), por favor.
Respondo.

responder
Responda por favor.
Eu respondo.

trabajar
¿Está trabajando él ahora?
Sí, ahora está trabajando.

trabalhar
Ele está a trabalhar / *trabalhando (am.)*?
Sim, ele está a trabalhar / *trabalhando (am.)*.

venir
¿Vienen (ustedes)?
Sí, ya estamos llegando.

vir / chegar
Vêm?
Sim, já vamos.

vivir
¿Vive (usted) en Berlín?
Sí, vivo en Berlín.

morar
Mora em Berlim?
Sim, moro em Berlim.

63 [sesenta y tres]

Haciendo preguntas 2

63 [sessenta e três]

Fazer perguntas 2

(Yo) tengo un pasatiempo / hobby.	Eu tenho um passatempo / hobby.
(Yo) juego al tenis.	Eu jogo ténis.
¿Dónde hay una cancha de tenis?	Onde há / *tem (am.)* um campo de ténis?
¿Tienes un pasatiempo / hobby?	Tens / *Você tem (am.)* um passatempo / hobby?
(Yo) juego al fútbol.	Eu jogo futebol.
¿Dónde hay un campo de fútbol?	Onde há / *tem (am.)* um campo de futebol?
Me duele el brazo.	Dói-me o braço. / *Meu braço está doendo (am.)*.
El pie y la mano me duelen también.	Também me doiem / *estão doendo (am.)* o meu pé e a minha mão.
¿Dónde hay un doctor?	Onde há / tem *(am.)* um médico?
(Yo) tengo un coche / carro (am.).	Eu tenho um carro.
(Yo) también tengo una motocicleta.	Também tenho uma mota / *moto (am.)*.
¿Dónde está el aparcamiento?	Onde há um parque de / *Onde tem um (am.)* estacionamento?
(Yo) tengo un suéter.	Também tenho um pulover / *uma blusa de frio (am.)*.
(Yo) también tengo una chaqueta y unos pantalones vaqueros / blue jean (am.).	Também tenho um casaco e umas calças de ganga / *jeans (am.)*.
¿Dónde está la lavadora?	Onde está a máquina de lavar?
(Yo) tengo un plato.	Eu tenho um prato.
(Yo) tengo un cuchillo, un tenedor, y una cuchara.	Eu tenho uma faca, um garfo e uma colher.
¿Dónde están la sal y la pimienta?	Onde estão o sal e a pimenta?

64 [sesenta y cuatro]

Negación 1

64 [sessenta e quatro]

Negação 1

No entiendo la palabra.
No entiendo la frase.
(Yo) no entiendo el significado.

Eu não entendo a palavra.
Eu não entendo a frase.
Eu não entendo o significado.

el profesor
¿Entiende (usted) al profesor?
Sí, lo entiendo bien.

o professor
Entende o professor?
Sim, eu entendo-o bem.

la profesora
¿Entiende (usted) a la profesora?
Sí, la entiendo bien.

a professora
Entende a professora?
Sim, eu entendo-a bem.

la gente
¿Entiende (usted) a la gente?
No, no la entiendo muy bien.

as pessoas
Entende as pessoas?
Não, eu não as entendo muito bem.

la novia
¿Tiene (usted) novia?
Sí, tengo novia.

a amiga
Tem uma amiga?
Sim, tenho uma.

la hija
¿Tiene (usted) una hija?
No, no tengo.

a filha
Tem uma filha?
Não, eu não tenho.

65 [sesenta y cinco]

Negación 2

65 [sessenta e cinco]

Negação 2

¿Es caro el anillo?
No, sólo cuesta cien euros.
Pero yo sólo tengo cincuenta.

O anel é caro?
Não, ele só custa cem Euros.
Mas eu só tenho cinquenta.

¿Has terminado ya?
No, aún no.
Pero termino enseguida.

Já acabaste / *acabou (am.)*?
Não, ainda não.
Mas logo terei acabado.

¿Quieres más sopa?
No, no quiero más.
Pero un helado sí.

Queres / *Quer (am.)* mais sopa?
Não, eu não quero mais.
Mas mais um gelado / *sorvete (am.)*.

¿Hace mucho tiempo que vives aquí?
No, sólo un mes.
Pero ya conozco a mucha gente.

Já mora aqui há muito tempo?
Não, só há um mês.
Mas já conheço muitas pessoas.

¿Te vas a casa mañana?
No, me voy el fin de semana.
Pero el domingo ya vuelvo.

Vais / *Você vai (am.)* para casa amanhã?
Não, só no fim-de-semana.
Mas já volto no domingo.

¿Tu hija ya es mayor de edad?
No, sólo tiene diecisiete años.
Pero ya tiene novio.

A tua filha já é adulta?
Não, ela só tem dezassete / *dezessete (am.)* anos.
Mas já tem um namorado.

66 [sesenta y seis]

Pronombres posesivos 1

66 [sessenta e seis]

Pronomes possessivos 1

yo – mi
Yo no encuentro mi llave.
Yo no encuentro mi billete.

eu – meu / minha
Eu não encontro a minha chave.
Eu não encontro o meu bilhete / *a minha passagem (am.)*.

tú – tu
¿Has encontrado tu llave?
¿Has encontrado tu billete?

tu – teu / tua
Encontraste a tua chave? / *Sabe onde está a sua chave?*
Encontraste o teu bilhete? / *Sabe onde está a sua passagem?*

él – su
¿Sabes dónde está su llave?
¿Sabes dónde está su billete?

ele – seu / sua
Sabes onde está a sua chave?
Sabes onde está o seu bilhete?

ella – su
Su dinero ha desaparecido.
Y su tarjeta de crédito también.

ela – seu / sua
O seu dinheiro desapareceu.
E o seu cartão de crédito também desapareceu.

nosotros /-as – nuestro(s) /-a(s)
Nuestro abuelo está enfermo.
Nuestra abuela está bien.

nós – nosso / nossa
O nosso avô está doente.
A nossa avó está de saúde.

vosotros /-as – vuestro(s) /-a(s)
Niños, ¿dónde está vuestro papá?
Niños, ¿dónde está vuestra mamá?

vós – vosso / vossa
Meninos, onde está o vosso pai?
Meninos, onde está a vossa mãe?

67 [sesenta y siete]

Pronombres posesivos 2

67 [sessenta e sete]

Pronomes possessivos 2

las gafas
(Él) ha olvidado sus gafas.
¿Dónde están sus gafas?

os óculos
Ele esqueceu-se dos seus óculos.
Onde é que ele tem / *guarda (am.)* os seus óculos?

el reloj
Su reloj está estropeado.
El reloj está colgado en la pared.

o relógio
O seu relógio está avariado / *quebrado (am.)*.
O relógio está pendurado na parede.

el pasaporte
Ha perdido su pasaporte.
¿Dónde está su pasaporte?

o passaporte
Ele perdeu o seu passaporte.
Onde é que ele tem / *guarda (am.)* o seu passaporte?

ellos /-as – su
Los niños no encuentran a sus padres.
¡Pero ahí vienen sus padres!

ela – sua / seu (Sing.) suas / seus (Plu.)
As crianças não podem encontrar os seus pais.
Mas ali vêm os seus pais!

usted – su
¿Cómo fue su viaje, señor Molinero?
¿Dónde está su mujer, señor Molinero?

Eles – sua / seu (Sing.) / Suas / seus (Plu.)
Como foi a sua viagem, Senhor Müller?
Onde está a sua mulher / esposa, Senhor Müller?

usted – su
¿Cómo ha sido su viaje, señora Herrero?
¿Dónde está su marido, señora Herrero?

Elas – sua / seu (Sing.) suas / seus (Plu.)
Como foi a sua viagem, Senhora Schmidt?
Onde está o seu marido, Senhora Schmidt?

68 [sesenta y ocho]

grande – pequeño

68 [sessenta e oito]

grande – pequeno

grande y pequeño	grande e pequeno
El elefante es grande.	O elefante é grande.
El ratón es pequeño.	O rato é pequeno.

oscuro y claro
La noche es oscura.
El día es claro.

escuro e claro
A noite é escura.
O dia é claro.

viejo y joven
Nuestro abuelo es muy viejo / mayor.
Hace 70 años aún era joven.

velho e jovem
O nosso avô é muito velho.
Há 70 anos ele ainda era jovem.

bonito y feo
La mariposa es bonita.
La araña es fea.

bonito e feio
A borboleta é bonita.
A aranha é feia.

gordo y delgado
Una mujer de 100 Kg. es gorda.
Un hombre de 50 Kg. es delgado.

gordo e magro
Uma mulher com 100 quilos é gorda.
Um homem com 50 quilos é magro.

caro y barato
El coche es caro.
El periódico es barato.

caro e barato
O carro é caro.
O jornal é barato.

69 [sesenta y nueve] / 69 [sessenta e nove]

necesitar – querer / precisar – querer

(Yo) necesito una cama.	Eu preciso de uma cama.
(Yo) quiero dormir.	Eu quero dormir.
¿Hay una cama aquí?	Há aqui uma cama? / *Tem uma cama aqui (am.)*?
(Yo) necesito una lámpara.	Eu preciso de um candeeiro / *uma luminária (am.)*.
(Yo) quiero leer.	Eu quero ler.
¿Hay una lámpara aquí?	Há aqui um candeeiro? / *Aqui tem uma luminária (am.)*?
(Yo) necesito un teléfono.	Eu preciso de um telefone.
(Yo) quiero hacer una llamada telefónica.	Eu quero telefonar.
¿Hay un teléfono aquí?	Há aqui / *Aqui tem (am.)* um telefone?
(Yo) necesito una cámara.	Eu preciso de uma câmara.
(Yo) quiero fotografiar / tomar fotografías.	Eu quero tirar fotos.
¿Hay una cámara aquí?	Há aqui / *Aqui tem (am.)* uma câmara?
(Yo) necesito un ordenador / una computadora (am.).	Eu preciso de um computador.
(Yo) quiero mandar un correo electrónico.	Eu quero enviar um e-mail.
¿Hay un ordenador / una computadora (am.) aquí?	Há aqui / *Aqui tem (am.)* um computador?
(Yo) necesito un bolígrafo.	Eu preciso de uma caneta.
(Yo) quiero escribir algo.	Eu quero escrever qualquer coisa.
¿Hay una hoja de papel y un bolígrafo aquí?	Há aqui / *Aqui tem (am.)* uma folha / *um papel (am.)* e uma caneta?

70 [setenta]

querer algo

70 [setenta]

gostar de qualquer coisa

¿Querría (usted) fumar?
¿Querría (usted) bailar?
¿Querría (usted) pasear?

(Yo) querría fumar.
¿Querrías un cigarrillo?
(Él) querría un encendedor.

(Yo) querría beber algo.
Querría comer algo.
Querría descansar un poco.

Querría preguntarle algo.
Querría pedirle algo.
Querría invitarle / -la a algo.

¿Qué querría / desea?
¿Querría (usted) un café?
¿O prefiere un té?

Querríamos irnos a casa.
¿Querríais un taxi?
(Ellos / ellas) querrían llamar por teléfono.

Quer fumar?
Quer dançar?
Quer passear?

Eu quero fumar.
Queres / *Você quer (am.)* um cigarro?
Ele quer lume / *isqueiro (am.)*.

Eu quero beber alguma coisa.
Eu quero comer alguma coisa.
Eu quero descansar um pouco.

Eu quero perguntar-lhe / *lhe perguntar (am.)* uma coisa.
Eu quero pedir-lhe / *lhe pedir (am.)* um favor.
Eu quero convidá-lo para alguma coisa.

O que deseja, por favor?
Deseja um café?
Ou prefere antes um chá?

Queremos ir para casa.
Querem um taxi?
Eles querem telefonar.

71 [setenta y uno]

querer algo

71 [setenta e um]

querer qualquer coisa

¿Qué queréis?
¿Queréis jugar al fútbol?
¿Queréis visitar a unos amigos?

querer
(Yo) no quiero venir tarde.
No quiero ir.

Quiero irme a casa.
Quiero quedarme en casa.
Quiero estar solo /-a.

¿Quieres quedarte aquí?
¿Quieres comer aquí?
¿Quieres dormir aquí?

¿Quiere irse (usted) mañana?
¿Quiere quedarse (usted) hasta mañana?
¿Quiere pagar (usted) la cuenta mañana?

¿Queréis ir a la discoteca?
¿Queréis ir al cine?
¿Queréis ir a un café?

O que querem?
Querem jogar bola?
Querem visitar amigos?

querer / desejar / gostar
Eu não quero chegar tarde.
Eu não quero ir.

Eu quero ir para casa.
Eu quero ficar em casa.
Eu quero estar sozinho / -a.

Queres / *Você quer (am.)* ficar aqui?
Queres / *Você quer (am.)* comer aqui?
Queres / *Você quer (am.)* dormir aqui?

Quer partir amanhã?
Quer ficar até amanhã?
Quer pagar a conta só amanhã?

Quer ir à discoteca?
Quer ir ao cinema?
Quer ir ao café?

72 [setenta y dos]

deber hacer algo

72 [setenta e dois]

ter de fazer qualquer coisa

deber	ter de
(Yo) debo enviar la carta.	Tenho de mandar a carta.
Debo pagar el hotel.	Tenho de pagar o hotel.
Debes levantarte pronto.	Tens / *Você tem (am.)* de levantar cedo.
Debes trabajar mucho.	Tens / *Você tem (am.)* de trabalhar muito.
Debes ser puntual.	Tens / *Você tem (am.)* de ser pontual.
(Él) debe repostar.	Ele tem de pôr gasolina.
Debe reparar el coche.	Ele tem de reparar / *consertar (am.)* o carro.
Debe lavar el coche.	Ele tem de lavar o carro.
(Ella) debe ir de compras.	Ela tem de fazer compras.
Debe limpiar el piso.	Ela tem de limpar o apartamento.
Debe lavar la ropa.	Ele tem de lavar a roupa.
(Nosotros /-as) debemos ir a la escuela enseguida.	Logo a seguir temos de ir à escola.
Debemos ir al trabajo enseguida.	Logo a seguir temos de ir ao trabalho.
Debemos ir al médico enseguida.	Logo a seguir temos de ir ao médico.
(Vosotros /-as) debéis esperar por el autobús.	Têm de esperar pelo autocarro. / *Eles têm esperar pelo ônibus (am.)*.
Debéis esperar por el tren.	Têm de esperar pelo comboio. / *Eles têm de esperar pelo trem (am.)*.
Debéis esperar por el taxi.	Têm de esperar pelo taxi. / *Eles têm de esperar pelo taxi (am.)*.

73 [setenta y tres]

poder hacer algo

73 [setenta e três]

poder qualquer coisa

¿Ya puedes conducir?
¿Ya puedes beber alcohol?
¿Ya puedes viajar solo /-a al extranjero?

Já podes / *Você já pode (am.)* andar de carro?
Já podes / *Você já pode (am.)* beber álcool?
Já podes / *Você já pode (am.)* viajar sozinho para o estrangeiro / *exterior (am.)*?

poder
¿Podemos fumar aquí?
¿Se puede fumar aquí?

poder
Podemos fumar aqui?
Pode-se fumar aqui?

¿Se puede pagar con tarjeta de crédito?
¿Se puede pagar con cheque?
¿Sólo se puede pagar en efectivo?

Pode-se pagar com cartão de crédito?
Pode-se pagar com cheque?
Só se pode pagar em dinheiro?

¿Puedo tal vez hacer una llamada?
¿Puedo tal vez preguntar algo?
¿Puedo tal vez decir algo?

Posso telefonar?
Posso fazer uma pergunta?
Posso dizer uma coisa?

Él no puede dormir en el parque.
Él no puede dormir en el coche.
Él no puede dormir en la estación.

Ele não pode dormir no parque.
Ele não pode dormir no carro.
Ele não pode dormir na estação.

¿Podemos sentarnos?
¿Podemos ver la carta?
¿Podemos pagar por separado?

Podemos-nos sentar?
Podemos ter a ementa? / *Podemos ver o cardápio (am.)*?
Podemos pagar em separado?

74 [setenta y cuatro]

pedir algo

74 [setenta e quatro]

pedir alguma coisa

¿Puede (usted) cortarme el pelo?	Pode-me cortar o cabelo? / *Pode cortar o meu cabelo (am.)*?
No demasiado corto, por favor.	Não muito curto, por favor.
Un poco más corto, por favor.	Um bocado / *pouco (am.)* mais curto, por favor.
¿Puede (usted) revelar las fotos?	Pode revelar fotografias?
Las fotos están en el CD / disco compacto.	As fotografias estão no CD.
Las fotos están en la cámara.	As fotografias estão na câmara / *camera (am.)*.
¿Puede (usted) reparar el reloj?	Pode arranjar / *consertar (am.)* o relógio?
La lente está rota.	O copo está partido.
La pila está descargada.	A bateria está vazia / *descarregada (am.)*.
¿Puede (usted) planchar la camisa?	Pode passar a camisa a ferro / *o ferro na camisa (am.)*?
¿Puede (usted) limpiar los pantalones?	Pode limpar as calças?
¿Puede (usted) reparar los zapatos?	Pode arranjar / *calçar (am.)* os sapatos?
¿Puede (usted) darme fuego?	Pode-me dar lume / *fogo (am.)*?
¿Tiene (usted) cerillas o un encendedor?	Tem fósforos ou um isqueiro?
¿Tiene (usted) un cenicero?	Tem um cinzeiro?
¿Fuma (usted) puros?	*(Você)* Fuma charutos?
¿Fuma (usted) cigarrillos?	*(Você)* Fuma cigarros?
¿Fuma (usted) en pipa?	*(Você)* Fuma cachimbo?

75 [setenta y cinco]

dar explicaciones 1

75 [setenta e cinco]

justificar qualquer coisa 1

¿Por qué no viene (usted)?
Hace muy mal tiempo.
No voy porque hace muy mal tiempo.

Porque não vem?
O tempo está tão mau.
Eu não venho porque o tempo está tão mau.

¿Por qué no viene (él)?
Él no está invitado.
Él no viene porque no está invitado.

Porque é que ele não vem?
Ele não é convidado.
Ele não vem porque não é convidado.

¿Por qué no vienes (tú)?
No tengo tiempo.
No voy porque no tengo tiempo.

Porque não vens / *você não vem (am.)*?
Eu não tenho tempo.
Eu não venho porque não tenho tempo.

¿Por qué no te quedas (tú)?
Aún tengo que trabajar.
No me quedo porque aún tengo que trabajar.

Porque não ficas / *você não fica (am.)*?
Ainda tenho que trabalhar.
Eu não fico porque ainda tenho que trabalhar.

¿Por qué se va (usted) ya?
Estoy cansado /-a.
Me voy porque estoy cansado /-a.

Porque vai já / *você já vai (am.)*?
Eu estou com sono.
Eu vou porque estou com sono.

¿Por qué se va (usted) ya?
Ya es tarde.
Me voy porque ya es tarde.

Porque parte já / *você já vai (am.)*?
Já é tarde.
Eu parto / *vou (am.)* porque já é tarde.

76 [setenta y seis]

dar explicaciones 2

76 [setenta e seis]

justificar qualquer coisa 2

¿Por qué no viniste?
Estaba enfermo /-a.
No fui porque estaba enfermo /-a.

¿Por qué no vino (ella)?
Estaba cansada.
No vino porque estaba cansada.

¿Por qué no ha venido (él)?
No tenía ganas.
No ha venido porque no tenía ganas.

¿Por qué no habéis venido (vosotros /-as)?
Nuestro coche está estropeado.
No hemos venido porque nuestro coche está estropeado.

¿Por qué no ha venido la gente?
(Ellos) han perdido el tren.
No han venido porque han perdido el tren.

¿Por qué no has venido?
No pude.
No he ido porque no pude.

Porque é que não vieste / *Por que você não veio (am.)*?
Eu estive doente.
Eu não vim porque estive doente.

Porque ela não veio?
Ela estava com sono.
Ela não veio porque estava com sono.

Porquê ele não veio?
Ele não estava com vontade.
Ele não veio porque não estava com vontade.

Porquê não vieram?
O nosso carro avariou-se / *quebrou (am.)*.
Nós não viemos porque o nosso carro se avariou / *quebrou (am.)*.

Porque é que as pessoas não vieram?
Eles / *Elas (am.)* perderam o comboio / *trem (am.)*.
Eles / *Elas (am.)* não vieram porque perderam o comboio / *trem (am.)*.

Porque é que não vieste? / *Porque que você não veio (am.)*?
Não pude.
Eu não vim porque não pude.

77 [setenta y siete]

dar explicaciones 3

77 [setenta e sete]

justificar qualquer coisa 3

¿Por qué no se come (usted) el pastel?
Tengo que adelgazar.
No me como el pastel porque debo adelgazar.

¿Por qué no se toma (usted) la cerveza?
Aún debo conducir.
No me la tomo porque aún tengo que conducir.

¿Por qué no te tomas el café (tú)?
Está frío.
No me lo tomo porque está frío.

¿Por qué no te tomas el té?
No tengo azúcar.
No me lo tomo porque no tengo azúcar.

¿Por qué no se toma (usted) la sopa?
No la he pedido.
No me la como porque no la he pedido.

¿Por qué no se come (usted) la carne?
Soy vegetariano /-a.
No me la como porque soy vegetariano /-a.

Porque é que não come a torta?
Eu tenho que emagrecer.
Eu não a como porque tenho que emagrecer.

Porquê não bebe a cerveja?
Eu ainda tenho que conduzir.
Eu não a bebo porque ainda tenho que conduzir.

Porque é que não bebe o café?
Ele está frio.
Eu não o bebo porque está frio.

Porque é que não bebe o chá?
Eu não tenho açúcar.
Eu não o bebo porque não tenho açúcar.

Porque é que não come / *toma (am.)* a sopa?
Eu não a pedi.
Eu não a como porque não a pedi.

Porque é que não come a carne?
Eu sou vegetariano / -a.
Eu não a como porque sou vegetariano / -a.

78 [setenta y ocho]

Adjetivos 1

78 [setenta e oito]

Adjetivos 1

una mujer vieja / mayor
una mujer gorda
una mujer curiosa

uma mulher velha
uma mulher gorda
uma mulher curiosa

un coche nuevo
un coche rápido
un coche cómodo

um carro novo
um carro rápido
um carro confortável

un vestido azul
un vestido rojo
un vestido verde

um vestido azul
um vestido encarnado / *vermelho (am.)*
um vestido verde

un bolso negro
un bolso marrón
un bolso blanco

uma mala preta
uma mala castanha / *marrom (am.)*
uma mala branca

gente simpática
gente amable
gente interesante

pessoas simpáticas
pessoas bem-educadas
pessoas interessantes

niños buenos
niños descarados
niños obedientes

crianças amáveis
crianças mal comportadas
crianças bem comportadas

79 [setenta y nueve]

Adjetivos 2

79 [setenta e nove]

Adjetivos 2

Llevo puesto un vestido azul.	Eu estou a usar / *usando (am.)* um vestido azul.
Llevo puesto un vestido rojo.	Eu estou a usar / *usando (am.)* vestido encarnado / *vermelho (am.)*.
Llevo puesto un vestido verde.	Eu estou a usar / *usando (am.)* vestido verde.
(Me) compro un bolso negro.	Eu compro uma mala preta.
(Me) compro un bolso marrón.	Eu compro uma mala castanha / *marrom (am.)*.
(Me) compro un bolso blanco.	Eu compro uma mala branca.
Necesito un coche nuevo.	Eu preciso de um carro novo.
Necesito un coche rápido.	Eu preciso de um carro rápido.
Necesito un coche cómodo.	Eu preciso de um carro confortável.
Allí arriba vive una mujer vieja / mayor.	Ali em cima mora uma mulher velha.
Allí arriba vive una mujer gorda.	Ali em cima mora uma mulher gorda.
Allí abajo vive una mujer curiosa.	Ali em baixo mora uma mulher curiosa.
Nuestros invitados eran gente simpática.	Os nossos convidados eram pessoas simpáticas.
Nuestros invitados eran gente amable.	Os nossos convidados eram pessoas bem-educadas.
Nuestros invitados eran gente interesante.	Os nossos convidados eram pessoas interessantes.
Mis hijos son buenos.	Tenho crianças amáveis.
Pero los hijos de los vecinos son descarados.	Mas os vizinhos têm crianças mal comportadas.
¿Sus niños son obedientes?	As suas crianças são bem comportadas?

80 [ochenta]

Adjetivos 3

80 [oitenta]

Adjetivos 3

Ella tiene un perro.
El perro es grande.
Ella tiene un perro grande.

Ella tiene una casa.
La casa es pequeña.
Ella tiene una casa pequeña.

Él se está alojando en un hotel.
El hotel es barato.
Él se está alojando en un hotel barato.

Él tiene un coche.
El coche es caro.
Él tiene un coche caro.

Él lee una novela.
La novela es aburrida.
Él lee una novela aburrida.

Ella está viendo una película.
La película es interesante.
Ella está viendo una película interesante.

Ela tem um cão.
O cão é grande.
Ela tem um cão grande.

Ela tem uma casa.
A casa é pequena.
Ela tem uma casa pequena.

Ele mora num hotel.
O hotel é barato.
Ele mora num hotel barato.

Ele tem um carro.
O carro é caro.
Ele tem um carro caro.

Ele lê um romance.
O romance é aborrecido / *cansativo (am.)*.
Ele lê um romance aborrecido / *cansativo (am.)*.

Ela vê um filme.
O filme é excitante.
Ela vê um filme excitante.

81 [ochenta y uno] / 81 [oitenta e um]

Pretérito 1 / Passado 1

escribir / escrever
Él escribió una carta. / Ele escreveu uma carta.
Y ella escribió una postal. / Ela escrevia um postal.

leer / ler
Él leyó una revista. / Ele leu uma revista.
Y ella leyó un libro. / E ela leu um livro.

coger / tomar, agarrar (am.) / pegar
Él cogió un cigarrillo. / Ele pegou num cigarro.
Ella cogió un trozo de chocolate. / Ela pegou num bocado de chocolate.

Él era infiel, pero ella era fiel. / Ele foi infiel, mas ela foi fiel.
Él era un holgazán, pero ella era trabajadora. / Ele era preguiçoso, mas ela trabalhava muito.
Él era pobre, pero ella era rica. / Ele era pobre, mas ela era rica.

Él no tenía dinero, sino deudas. / Ele não tinha dinheiro, só dívidas.
Él no tenía buena suerte, sino mala suerte. / Ele não tinha sorte, só azar.
Él no tenía éxitos, sino fracasos. / Ele não tinha sucesso, só insucesso.

Él no estaba satisfecho, sino insatisfecho. / Ele não estava satisfeito, mas insatisfeito.
Él no era feliz, sino infeliz. / Ele não estava feliz, mas infeliz.
Él no era simpático, sino antipático. / Ele não era simpático, mas antipático.

82 [ochenta y dos]

Pretérito 2

82 [oitenta e dois]

Passado 2

¿Tuviste que pedir una ambulancia?
¿Tuviste que llamar al médico?
¿Tuviste que llamar a la policía?

Tivestes / *Teve (am.)* de chamar uma ambulância?
Tiveste / *Teve (am.)* de chamar o médico?
Tiveste / *Teve (am.)* de chamar a polícia?

¿Tiene (usted) el número de teléfono? Hace un momento aún lo tenía.
¿Tiene (usted) la dirección? Hace un momento aún la tenía.
¿Tiene (usted) el plano (de la ciudad)? Hace un momento aún lo tenía.

Tem o número de telefone? Ainda agora o tinha.

Tem o endereço? Ainda agora o tinha.

Tem o mapa? Ainda agora o tinha.

¿(Él) llegó a tiempo? No pudo llegar a tiempo.
¿Encontró el camino? No pudo encontrar el camino.
¿Te entendió? No me pudo entender.

Ele foi pontual? Ele não pôde ser pontual.
Ele achou o caminho? Ele não podia achar o caminho.
Ele entendeu-te / *te entendeu (am.)*? Ele não me podia entender.

¿Por qué no pudiste llegar a tiempo?
¿Por qué no pudiste encontrar el camino?
¿Por qué no pudiste entenderlo?

Porque é que *(você)* não podia(s) ser pontual?
Porque é que *(você)* não podia(s) achar o caminho?
Porque é que *(você)* não podia(s) entender?

No pude llegar a tiempo porque no pasaba ningún autobús.
No pude encontrar el camino porque no tenía un plano.
No pude entenderlo porque la música estaba demasiado alta.

Eu não pude ser pontual porque não havia autocarro / *ônibus (am.)*.
Eu não pude achar o caminho porque não tinha mapa.
Eu não pude entender-lo porque a música estava muito alta.

Tuve que coger un taxi.
Tuve que comprar un plano (de la ciudad).
Tuve que apagar la radio.

Eu tinha que apanhar / *pegar (am.)* um taxi.
Eu tinha de comprar um mapa.
Eu tinha de desligar o rádio.

83 [ochenta y tres]

Pretérito 3

83 [oitenta e três]

Passado 3

hablar por teléfono
He hablado por teléfono.
He hablado por teléfono todo el rato.

telefonar
Eu telefonei.
Eu estive / *fiquei (am.)* o tempo todo a telefonar / *telefonando (am.)*.

preguntar
(Yo) he preguntado.
Siempre he preguntado.

perguntar
Eu perguntei.
Eu sempre perguntei.

contar
He contado.
He contado toda la historia.

contar
Eu contei.
Eu contei a história toda.

estudiar
He estudiado.
He estudiado toda la tarde.

aprender
Eu aprendi / estudei.
Eu estudei a noite toda.

trabajar
He trabajado.
He trabajado todo el día.

trabalhar
Eu trabalhei.
Eu trabalhei o dia inteiro.

comer
He comido.
Me he comido toda la comida.

comer
Eu comi.
Eu comi a comida toda.

84 [ochenta y cuatro]

Pretérito 4

84 [oitenta e quatro]

Passado 4

leer
He leído.
He leído toda la novela.

entender / comprender
(Lo) he entendido.
He entendido todo el texto.

contestar / responder
He contestado.
He contestado a todas las preguntas.

Lo sé. – Lo supe / sabía.
Lo escribo. – Lo he escrito.
Lo oigo. – Lo he oído.

Lo cojo / tomo, agarro (am.). – Lo he cogido / tomado, agarrado (am.).
Lo traigo. – Lo he traído.
Lo compro. – Lo he comprado.

Lo espero. – Lo he esperado.
Lo explico. – Lo he explicado.
Lo conozco – Lo he conocido.

ler
Eu li.
Eu li o romance todo.

entender
Eu entendi.
Eu entendi o texto todo.

responder
Eu respondi.
Eu respondi a todas as perguntas.

Eu sei disto – eu sabia disto.
Eu escrevo isto – eu escrevi isto.
Eu ouço isto – eu ouvi isto.

Eu agarro nisto – eu agarrei nisto.
Eu trago isto – eu trouxe isto.
Eu compro isto – eu comprei isto.

Eu espero isto – eu esperei isto.
Eu explico isto – eu expliquei isto.
Eu conheço isto – eu conhecia isto.

85 [ochenta y cinco]

Preguntas – Pretérito 1

85 [oitenta e cinco]

Perguntas – passado 1

¿Cuánto ha bebido (usted)?
¿Cuánto ha trabajado (usted)?
¿Cuánto ha escrito (usted)?

Quanto bebeu?
Quanto trabalhou?
Quanto escreveu?

¿Cómo ha dormido (usted)?
¿Con qué nota ha aprobado (usted) el examen?
¿Cómo ha encontrado (usted) el camino?

Quanto dormiu?
Como passou o / *foi de (am.)* exame?
Como encontrou o caminho?

¿Con quién ha hablado (usted)?
¿Con quién se ha citado?
¿Con quién ha celebrado su cumpleaños (usted)?

Com quem falou?
Com quem teve um encontro?
Com quem festejou o aniversário?

¿Dónde ha estado (usted)?
¿Dónde ha vivido (usted)?
¿Dónde ha trabajado (usted)?

Onde estive?
Onde viveu?
Onde trabalhou?

¿Qué ha recomendado (usted)?
¿Qué ha comido (usted)?
¿De qué se ha enterado (usted)?

O que recomendeu?
O que comeu?
O que viveu?

¿A qué velocidad ha conducido (usted)?
¿Cuántas horas ha volado (usted)?
¿Hasta qué altura ha saltado (usted)?

A que velocidade foi?
Quanto tempo voou?
A que altura saltou?

86 [ochenta y seis]

Preguntas – Pretérito 2

86 [oitenta e seis]

Perguntas – passado 2

¿Qué corbata te pusiste?	Que gravata usaste / *você usou (am.)*?
¿Qué coche te has comprado?	Que carro compraste / *você comprou (am.)*?
¿A qué periódico te has suscrito?	Que jornal assinaste / *você assinou (am.)*?
¿A quién ha visto (usted)?	Quem é que viu?
¿A quién se ha encontrado (usted)?	Quem é que encontrou?
¿A quién ha reconocido (usted)?	Quem é que reconheceu?
¿A qué hora se ha levantado (usted)?	Quando se levantou?
¿A qué hora ha empezado (usted)?	Quando começou?
¿A qué hora ha terminado?	Quando terminou?
¿Por qué se ha despertado (usted)?	Porque é que acordou?
¿Por qué se hizo (usted) maestro?	Porque é que se tornou professor?
¿Por qué ha cogido / tomado (am.) (usted) un taxi?	Porque é que apanhou / *pegou (am.)* um taxi?
¿De dónde ha venido (usted)?	De onde veio?
¿A dónde ha ido (usted)?	Para onde foi?
¿Dónde ha estado (usted)?	Onde esteve?
¿A quién has ayudado?	A quem ajudaste / *você ajudou (am.)*?
¿A quién le has escrito?	A / *Para (am.)* quem escreveste / *você escreveu (am.)*?
¿A quién le has respondido / contestado?	A / *Para (am.)* quem respondeste / *você respondeu (am.)*?

87 [ochenta y siete]

Pretérito de los verbos modales 1

87 [oitenta e sete]

Passado dos verbos modais 1

(Nosotros / nosotras) Tuvimos que regar las plantas.
Tuvimos que ordenar el piso.
Tuvimos que lavar los platos.

¿(Vosotros / vosotras) tuvisteis que pagar la cuenta?
¿Tuvisteis que pagar entrada?
¿Tuvisteis que pagar una multa?

¿Quién tuvo que despedirse?
¿Quién tuvo que irse pronto a casa?
¿Quién tuvo que coger / tomar (am.) el tren?

(Nosotros / nosotras) no queríamos quedarnos mucho rato.
No queríamos tomar nada.
No queríamos molestar.

(Yo) sólo quería hacer una llamada.
Quería pedir un taxi.
Es que quería irme a casa.

Pensaba que querías llamar a tu esposa.

Pensaba que querías llamar a Información.

Pensaba que querías pedir una pizza.

Tivemos de regar as flores.
Tivemos de arrumar o apartamento.
Tivemos de lavar a louça.

Tiveram de pagar a conta?
Tiveram de pagar a entrada?
Tiveram de pagar uma multa?

Quem é que teve que se despedir?
Quem é que teve que ir para casa cedo?
Quem é que teve que apanhar o comboio / *pegar o trem (am.)*?

Nós não queríamos ficar muito tempo.

Nós não queríamos beber nada.
Nós não queríamos incomodar.

Eu queria telefonar agora mesmo.
Eu queria chamar um taxi.
Eu queria ir para casa.

Eu pensei que querias / *você queria (am.)* telefonar para a tua mulher.
Eu pensei que querias / *você queria (am.)* telefonar para as informações.
Eu pensei que querias / *você queria (am.)* pedir uma pizza.

88 [ochenta y ocho]

Pretérito 2

88 [oitenta e oito]

Passado dos verbos modais 2

Mi hijo no quería jugar con la muñeca.
Mi hija no quería jugar al fútbol.
Mi esposa no quería jugar conmigo al ajedrez.

O meu filho não queria brincar com a boneca.
A minha filha não queria jogar bola.
A minha mulher não queria jogar xadrez comigo.

Mis hijos no querían dar un paseo.
No querían ordenar la habitación.
No querían irse a cama.

Os meus filhos não queriam passear.
Eles não queriam arrumar o quarto.
Eles não queriam ir para a cama.

Él no podía / debía comer helados.
No podía / debía comer chocolate.
No podía / debía comer caramelos.

Ele não podia comer gelado.
Ele não podia comer chocolate.
Ele não podia comer rebuçados / *bombons (am.)*.

Pude pedir un deseo.
Pude comprar un vestido.
Pude coger un bombón.

Eu podia desejar qualquer coisa.
Eu podia comprar um vestido.
Eu podia tirar um chocolate.

¿Pudiste fumar en el avión?

¿Pudiste beber cerveza en el hospital?

¿Pudiste llevar al perro contigo al hotel?

Podias / *Você podia (am.)* fumar no avião?

Podias / *Você podia (am.)* beber cerveja no hospital?

Podias / *Você podia (am.)* levar o cão para o hotel?

Durante las vacaciones los niños podían estar afuera hasta tarde.
Ellos / ellas podían jugar durante mucho rato en el patio.
Ellos / ellas podían acostarse tarde.

Nas férias as crianças podiam ficar na rua até tarde.
Eles podiam jogar muito tempo no pátio.
Elas podiam ficar acordadas até tarde.

89 [ochenta y nueve] / 89 [oitenta e nove]

Modo imperativo 1 / Imperativo 1

Eres muy perezoso. – ¡No seas tan perezoso!
Duermes mucho. – ¡No duermas tanto!
Llegas muy tarde. – ¡No llegues tan tarde!

Te ríes muy alto. – ¡No te rías tan alto!
Hablas muy bajo. – ¡No hables tan bajo!
Bebes demasiado. – ¡No bebas tanto!

Fumas demasiado. – ¡No fumes tanto!
Trabajas demasiado. – ¡No trabajes tanto!
Vas muy deprisa. – ¡No vayas tan deprisa!

¡Levántese, señor Molinero!
¡Siéntese, señor Molinero!
¡Quédese sentado, señor Molinero!

¡Tenga paciencia!
¡Tómese su tiempo!
¡Espere un momento!

¡Tenga cuidado!
¡Sea puntual!
¡No sea tonto!

És / *Você é (am.)* tão preguiçoso – não seja(s) tão preguiçoso!
Tu dormes / *Você dorme (am.)* até muito tarde – não durma(s) até tão tarde!
Tu vens / *Você vem (am.)* tão tarde – não venha(s) tão tarde!

Tu te ris / *Você ri (am.)* tão alto – não te ria(s) tão alto!
Tu falas / *Você fala (am.)* tão baixo – não fale(s) tão baixo!
Tu bebes / *Você bebe (am.)* demais – não beba(s) tanto!

Tu fumas / *Você fuma (am.)* demais – não fume(s) tanto!
Tu trabalhas / *Você trabalha (am.)* demais – não trabalhe(s) tanto!
Tu vais / *Você vai (am.)* tão depressa – não vás / vai / *vá (am.)* tão depressa!

Levante-se, Senhor Müller!
Sente-se, Senhor Müller!
Fique sentado, Senhor Müller!

Tenha paciência!
Vá com calma!
Espere um momento!

Tenha cuidado!
Seja pontual!
Não seja estúpido / -a!

90 [noventa]

Modo imperativo 2

90 [noventa]

Imperativo 2

¡Aféitate!
¡Lávate!
¡Péinate!

¡Llama (por teléfono)! ¡Llame (usted) (por teléfono)!
¡Empieza! ¡Empiece (usted)!
¡Basta!

¡Deja eso! ¡Deje (usted) eso!
¡Dilo! ¡Dígalo (usted)!
¡Cómpralo! ¡Cómprelo (usted)!

¡No seas nunca falso!
¡No seas nunca insolente!
¡No seas nunca descortés!

¡Sé siempre sincero!
¡Sé siempre amable!
¡Sé siempre atento!

¡Buen viaje!
¡Cuídese (usted)!
¡Vuelva (usted) a visitarnos pronto!

Faz / *faça (am.)* a barba!
Lava-te! / *Tome banho / Lave-se (am.)*!
Penteia-te! / *Pentei-se (am.)*!

Telefone! / Liga! / *Ligue (am.)*!
Comece! Comece o senhor!
Pára! Pare com isso!

Deixa isso! / Deixe isso!
Diz isto! Diga isto!
Compra isto! Compre isto!

Nunca sejas / *seja (am.)* desonesto /-a!
Nunca sejas / *seja (am.)* atrevido /-a!
Nunca sejas / *seja (am.)* mal-educado /-a!

Sê / *Seja (am.)* sempre honesto /-a!
Sê / *Seja (am.)* sempre simpático /-a!
Sê / *Seja (am.)* sempre bem-educado /-a!

Chegue bem a casa!
Tome cuidado!
Volte a visitar-nos / *nos visitar (am.)* em breve!

91 [noventa y uno]

Oraciones subordinadas con *que* 1

91 [noventa e um]

Oração subordinada com *que* 1

Tal vez hará mejor tiempo mañana.	O tempo talvez melhore amanhã.
¿Cómo lo sabe (usted)?	Como sabe isso?
Espero que haga mejor tiempo.	Eu espero que melhore.
Seguro que viene.	Ele vem de / *com (am.)* certeza.
¿Seguro?	De / *Com (am.)* certeza?
Sé que vendrá.	Sei que ele vem.
Seguro que llama.	Ele de / *com (am.)* certeza vai telefonar.
¿De verdad?	Verdade?
Creo que llamará.	Eu acredito que ele vai / *vá (am.)* telefonar.
El vino es seguramente viejo.	O vinho é velho com certeza.
¿Lo sabe (usted) con seguridad?	Sabe isso com certeza?
Creo / Supongo que es viejo.	Eu suponho que seja velho.
Nuestro jefe tiene buen aspecto.	O nosso chefe está com bom aspecto.
¿Usted cree?	Acha?
Diría incluso que tiene muy buen aspecto.	Acho que realmente está com excelente aspecto.
Seguro que nuestro jefe tiene novia.	O chefe tem com certeza uma namorada.
¿Lo cree (usted) de verdad?	Acha mesmo?
Es muy posible que tenga novia.	É bem possível que ele tenha uma namorada.

92 [noventa y dos]

Oraciones subordinadas con *que* 2

92 [noventa e dois]

Oração subordinada com *que* 2

Me molesta que ronques.

Me molesta que bebas tanto.

Me molesta que vengas tan tarde.

(Yo) creo que (él) debería ir al médico.
Creo que está enfermo.
Creo que ahora está durmiendo.

(Nosotros) esperamos que (él) se case con nuestra hija.

Esperamos que tenga mucho dinero.

Esperamos que sea millonario.

Me han dicho que tu esposa ha tenido un accidente.
Me han dicho que está en el hospital.
Me han dicho que tu coche está completamente destrozado.

Me alegro de que hayan venido (ustedes).
Me alegro de que tengan (ustedes) interés.
Me alegro de que quieran (ustedes) comprar la casa.

Me temo que el último autobús ya ha pasado.

Me temo que tendremos que coger / tomar (am.) un taxi.

Me temo que no llevo dinero.

Irrita-me que ressones. / *Me irrita quando você ronca (am.)*.
Irrita-me que bebas / *Me irrita quando você bebe (am.)* tanta cerveja.
Irrita-me que chegues / *Me irrita quando você chegua (am.)* tão tarde.

Eu acho que ele precisa de um médico.
Eu acho que ele está doente.
Eu acho que ele agora está a dormir / *dormindo (am.)*.

Nós esperamos / *desejamos (am.)* que ele se case com a nossa filha.
Nós esperamos / *desejamos (am.)* que ele tenha muito dinheiro.
Nós esperamos / *desejamos (am.)* que ele seja milionário.

Eu ouvi que a tua mulher teve um acidente.

Eu ouvi que ela está no hospital.

Eu ouvi que o teu carro está todo destruído.

Alegro-me que tenha vindo.
Alegro-me que tenha interesse.
Alegro-me que queira comprar a casa.

Eu receio que o último autocarro / *ônibus (am.)* já tenha ido embora.
Eu receio que teremos de apanhar / *pegar (am.)* um taxi.
Eu receio não ter nenhum dinheiro comigo.

93 [noventa y tres]

Oraciones subordinadas con *si*

93 [noventa e três]

Oração subordinada com *se*

No sé si me quiere.	Eu não sei se ele me ama.
No sé si volverá.	Eu não sei se ele volta.
No sé si me llamará.	Eu não sei se ele me telefona.
¿Me querrá?	Será que ele me ama?
¿Volverá?	Será que ele volta?
¿Me llamará?	Será que ele me telefona?
Me pregunto si piensa en mí.	Eu pergunto-me se ele pensa em mim.
Me pregunto si tiene a otra.	Eu pergunto-me se ele tem outra.
Me pregunto si miente.	Eu pergunto-me se ele está a mentir.
¿Pensará en mí?	Será que ele pensa em mim?
¿Tendrá a otra?	Será que ele tem outra?
¿Estará diciendo la verdad?	Será que ele diz a verdade?
Dudo que le guste realmente.	Eu duvido se ele realmente gostará / *gosta (am.)* de mim.
Dudo que me escriba.	Eu duvido que ele me escreva.
Dudo que se case conmigo.	Eu duvido que ele se case comigo.
¿Le gustaré realmente?	Será que ele realmente gosta de mim?
¿Me escribirá?	Será que ele me escreve?
¿Se casará conmigo?	Será que ele se casa comigo?

Conjunciones 1 / Conjunção 1

Espera a que pare de llover.	Espera / *Espere (am.)* até que a chuva pare.
Espera a que (yo) termine.	Espera / *Espere (am.)* até eu acabar.
Espera a que (él) vuelva.	Espera / *Espere (am.)* até ele voltar.
(Yo) espero a que se me seque el pelo.	Eu espero até que os meus cabelos estejam secos.
Espero a que termine la película.	Eu espero até que o filme tenha acabado.
Espero a que el semáforo esté verde.	Eu espero até que o semáforo fique verde.
¿Cuándo te vas de vacaciones?	Quando vais / *você sairá (am.)* de férias?
¿Antes del verano?	Ainda antes das férias do verão?
Sí, antes de que empiecen las vacaciones de verano.	Sim, ainda antes das férias do verão começarem.
Repara el tejado antes de que llegue el invierno.	Arranja o tecto / *Conserte o telhado (am.)* antes que comece o inverno.
Lávate las manos antes de sentarte a la mesa.	Limpa as mãos antes de te sentares / *você se sentar (am.)* à mesa.
Cierra la ventana antes de salir.	Fecha a janela antes de sair.
¿Cuándo vendrás a casa?	Quando voltas / *você volta (am.)* para casa?
¿Después de la clase?	Depois das aulas?
Sí, cuando se haya acabado la clase.	Sim, depois das aulas terem terminado.
Después de tener el accidente, ya no pudo volver a trabajar.	Depois de ele ter tido um acidente, ele não pôde mais trabalhar.
Después de haber perdido el trabajo, se fue a América.	Depois de ter perdido o trabalho ele foi para os Estados Unidos.
Después de haberse ido a América, se hizo rico.	Depois de ele ter ido para os Estados Unidos, ele ficou rico.

95 [noventa y cinco]

Conjunciones 2

95 [noventa e cinco]

Conjunção 2

¿Desde cuándo no trabaja ella?
¿Desde que se casó?
Sí, no trabaja desde que se casó.

Desde quando ela deixou de trabalhar?
Desde o seu casamento?
Sim, ela já não trabalha mais desde que se casou.

Desde que se casó, no trabaja.
Desde que se conocen, son felices.
Desde que tienen niños, salen poco.

Desde que casou ela já não trabalha mais.
Desde que eles se conhecem estão felizes.
Desde que têm crianças saem pouco.

¿Cuándo habla (ella) por teléfono?
¿Mientras conduce?
Sí, mientras conduce.

Quando é que ela telefona?
Durante a viagem?
Sim, enquanto ela está a conduzir / *dirigindo (am.)*.

Habla por teléfono mientras conduce.
Ve la televisión mientras plancha.
Escucha música mientras hace las tareas.

Ela telefona enquanto está a conduzir / *dirigindo (am.)*.
Ela vê televisão enquanto passa a roupa.
Ela ouve música enquanto faz as suas tarefas.

(Yo) no veo nada, cuando no llevo gafas.
No entiendo nada, cuando la música está tan alta.
No huelo nada, cuando estoy resfriado /-a.

Eu não vejo nada quando estou sem óculos.
Eu não entendo nada quando a música está muito alta.
Eu não sinto cheiro nenhum quando estou constipado / *gripado (am.)*.

Si llueve, cogeremos / tomaremos (am.) un taxi.
Si nos toca la lotería, daremos la vuelta al mundo.
Si (él) no llega pronto, empezaremos a comer.

Nós vamos apanhar / *pegar (am.)* um taxi se chover.
Nós vamos fazer uma viagem à / *em (am.)* volta do mundo quando ganharmos na loteria.
Nós vamos começar a comer se ele não vier daqui a pouco.

96 [noventa y seis]

Conjunciones 3

96 [noventa e seis]

Conjunção 3

(Yo) me levanto en cuanto suena el despertador.

Me siento cansado /-a en cuanto tengo que estudiar.

Dejaré de trabajar en cuanto tenga 60 años.

¿Cuándo llamará (usted)?
En cuanto tenga un momento.
Llamará en cuanto tenga tiempo.

¿Hasta cuándo va a trabajar (usted)?
Trabajaré mientras pueda.
Trabajaré mientras esté bien de salud.

(Él) está en la cama, en vez de trabajar.
(Ella) lee el periódico, en lugar de cocinar.
(Él) está en el bar, en lugar de irse a casa.

Por lo que yo sé, (él) vive aquí.
Por lo que yo sé, su esposa está enferma.
Por lo que yo sé, (él) no tiene trabajo.

(Yo) me quedé dormido, sino habría llegado a tiempo.
(Yo) perdí el autobús, sino habría llegado a tiempo.
No encontré el camino, sino habría llegado a tiempo.

Eu levanto-me / *me levanto (am.)* logo quando o despertador toca.

Eu fico com sono quando tenho de estudar.

Eu paro de trabalhar quando fizer 60 anos.

Quando vai telefonar?
Quando tiver um pouco de tempo.
Ele telefona quando tiver um pouco de tempo.

Quanto tempo vai trabalhar?
Eu vou trabalhar enquanto puder.
Eu vou trabalhar enquanto estiver de / *com (am.)* boa saúde.

Ele está na cama em vez de trabalhar.
Ela lê o jornal em vez de cozinhar.
Ele está no bar em vez de ir para casa.

Pelo que eu sei ele mora aqui.
Pelo que eu sei a sua mulher está doente.
Pelo que eu sei ele está desempregado.

Eu adormeci, senão teria sido pontual.
Eu perdi o autocarro / *ônibus (am.)*, senão teria sido pontual.
Eu não encontrei o caminho, senão teria sido pontual.

Conjunciones 4 / Conjunção 4

Él se quedó dormido / se durmió, aunque el televisor estaba encendido.
Él se quedó un rato más, aunque ya era tarde.
Él no vino, aunque habíamos quedado.

Ele adormeceu mesmo com a televisão ligada.
Ele ainda ficou mesmo já sendo tarde.
Ele não veio apesar de nós termos marcado um encontro.

El televisor estaba encendido. Sin embargo, se quedó dormido / se durmió.
Ya era tarde. Sin embargo, se quedó un rato más.
Habíamos quedado. Sin embargo, no vino.

A televisão estava ligada. Mesmo assim ele adormeceu.
Já era tarde. Mesmo assim ele ainda ficou.
Nós tinhamos marcado um encontro. Mesmo assim ele não veio.

Aunque (él) no tiene permiso de conducir, conduce.
Aunque la calle está resbaladiza, conduce muy deprisa.
Aunque está borracho, va en bicicleta.

Mesmo não tendo carta de condução *dirige (am.)*.
Mesmo a rua sendo escorregadia ele vai depressa.
Mesmo estando bêbado ele vai de bicicleta.

No tiene permiso de conducir. Sin embargo, conduce.
La calle está resbaladiza. Sin embargo, conduce muy deprisa.
Él está borracho. Sin embargo, va en bicicleta.

Ele não tem carteira de habilitação *(am.)*. Mesmo assim ele conduz.
A rua está escorregadia. Mesmo assim ele vai depressa.
Ele está bêbado. Mesmo assim ele vai de bicicleta.

Ella no encuentra trabajo, aunque ha estudiado.
Ella no va al médico, aunque tiene dolores.
Ella se compra un coche, aunque no tiene dinero.

Ela não encontra emprego mesmo tendo estudado.
Ela não vai ao médico mesmo tendo dores.
Ela compra um carro mesmo não tendo dinheiro.

Ella ha estudiado una carrera universitaria. Sin embargo, no encuentra trabajo.
Ella tiene dolores. Sin embargo, no va al médico.
Ella no tiene dinero. Sin embargo, se compra un coche.

Ela estudou. Mesmo assim ela não encontra emprego.
Ela tem dores. Mesmo assim ela não vai ao médico.
Ela não tem dinheiro. Mesmo assim ela compra um carro.

98 [noventa y ocho]

Dobles conjunciones

98 [noventa e oito]

Conjunção dupla

El viaje fue, de hecho, bonito, pero demasiado agotador.
El tren pasó puntualmente, de hecho, pero iba demasiado lleno.
El hotel era, de hecho, confortable, pero demasiado caro.

Él coge / toma (am.) el autobús o el tren.
Él viene o bien hoy por la noche o bien mañana por la mañana.
Él se hospeda o en nuestra casa o en un hotel.

Ella habla tanto español como inglés.
Ella ha vivido tanto en Madrid como en Londres.
Ella conoce tanto España como Inglaterra.

Él no sólo es tonto, sino también holgazán.
Ella no sólo es guapa, sino también inteligente.
Ella no sólo habla alemán, sino también francés.

Yo no sé tocar ni el piano ni la guitarra.
Yo no sé bailar ni el vals ni la samba.
A mi no me gusta ni la ópera ni el ballet.

Cuanto más rápido trabajes, más pronto terminarás.
Cuanto antes vengas, antes te podrás ir.
Cuanto mayor se hace uno, más comodón se vuelve.

A viagem foi bonita mas demasiado / *muito (am.)* cansativa.
O comboio / *trem (am.)* foi pontual mas demasiado / *muito (am.)* cheio.
O hotel era confortável mas demasiado / *muito (am.)* caro.

Ele apanha o autocarro ou o comboio. / *Ele pega o ônibus ou o trem (am.).*
Ele vem hoje à noite ou amanhã de manhã.
Ele mora connosco ou no hotel.

Ela fala tanto espanhol como / *quanto (am.)* inglês.
Ela morou tanto em Madrid como / *quanto (am.)* em Londres.
Ela conhece tanto a Espanha como / *quanto (am.)* a Inglaterra.

Ele não é só estúpido mas também é preguiçoso.
Ela não é só bonita, mas também inteligente.
Ela não fala só alemão, mas também francês.

Eu não toco nem piano nem guitarra.
Eu não sei dançar nem a valsa nem o samba.
Eu não gosto nem de ópera nem de ballet.

Quanto mais rápido trabalhares / *você trabalhar (am.)*, mais cedo estará(s) pronto.
Quanto mais cedo vieres / *você vier (am.)*, mais cedo poderá(s) ir embora.
Quanto mais velho se fica, mais confortável se é.

99 [noventa y nueve]

Genitivo

99 [noventa e nove]

Genitivo

la gata de mi amiga / novia
el perro de mi amigo / novio
los juguetes de mis hijos

o gato da minha amiga
o cão do meu namorado / amigo
os brinquedos dos meus filhos

Éste es el abrigo de mi compañero.
Éste es el coche de mi compañera.
Éste es el trabajo de mis compañeros.

Este é o casaco do meu colega.
Este é o carro da minha colega.
Este é o trabalho dos meus colegas.

El botón de la camisa se ha caído.
La llave del garaje ha desaparecido.
El ordenador del jefe está estropeado.

O botão da camisa caiu.
A chave da garagem desapareceu.
O computador do chefe avariou-se / *quebrou (am.)*.

¿Quiénes son los padres de la niña?
¿Cómo se va a la casa de sus padres?
La casa está al final de la calle.

Quem são os pais da rapariga / *da moça (am.)*?
Como chego à casa dos seus pais?
A casa está no fim da rua.

¿Cómo se llama la capital de Suiza?
¿Cuál es el título del libro?
¿Cómo se llaman los hijos de los vecinos?

Como se chama a capital da Suíça?
Qual é o título do livro?
Como se chamam os filhos dos vizinhos?

¿Cuándo son las vacaciones escolares de los niños?
¿Cuándo son las horas de consulta del doctor?
¿Cuál es el horario de apertura del museo?

Quando são as férias da escola das crianças?
Quais são os horários de consulta do médico?
Quais são os horários de abertura do museu?

100 [cien]

Adverbios

100 [cem]

Advérbio

alguna vez – nunca	já … alguma vez – nunca
¿Ha estado (usted) alguna vez en Berlín?	Já esteve em Berlim alguma vez?
No, nunca.	Não, nunca.
alguien – nadie	alguém – ninguém
¿Conoce (usted) a alguien aquí?	Conhece aqui alguém?
No, aquí no conozco a nadie.	Não, não conheço aqui ninguém.
aún – ya no	um pouco mais – mais não
¿Se quedará (usted) aún mucho tiempo aquí?	Ainda fica muito tempo aqui?
No, ya no me quedaré más tiempo.	Não, eu não fico muito mais tempo aqui.
algo más – nada más	mais alguma coisa – mais nada
¿Quiere (usted) tomar algo más?	Quer beber mais alguma coisa?
No, no quiero nada más.	Não, eu não quero mais nada.
ya … algo – todavía / aún … nada	já … alguma coisa – ainda não … nada
¿Ya ha comido (usted) algo?	Já comeu alguma coisa?
No, todavía / aún no he comido nada.	Não, eu ainda não comi nada.
alguien más – nadie más	mais alguém – mais ninguém
¿Quiere alguien más un café?	Mais alguém quer um café?
No, nadie más.	Não, mais ninguém quer um café.

CPSIA information can be obtained at www.ICGtesting.com
Printed in the USA
LVOW03s1820100715

445790LV00003B/19/P